Ik ben dyslectisch

Ik ben dyslectisch

Het woord aan de kinderen

Daphne Jansen Adriaans

BOOM

Met dank aan Kee, Tijs, Rivka, Jasper, Samantra, Milan, Eva en Malu.

Verzorging omslag en binnenwerk Annelies Bast

ISBN 978 90 8506 582 1
NUR 770, 848

Inhoud

Voorwoord

Aan alle ouders van kinderen met leerproblemen en

Aan alle juffen en meesters van basisscholen en docenten van het voortgezet onderwijs en

Aan alle remedial teachers, orthopedagogen en psychologen die met dyslectische kinderen werken, en

Aan alle directeuren van scholen, conrectoren en andere beslissers over het wel en wee van leerlingen en

Aan alle doctorandussen, doctoren en professoren die onderzoek doen naar dyslexie:

LEES DIT BOEK!
Dan snap je beter waarom kinderen met dyslexie:

- Vaak veel harder moeten werken om tot een redelijk resultaat te komen
- Niet gestraft moeten worden als ze iets fout doen, maar geprezen moeten worden als het goed gaat.
- Niet alleen maar dyslectisch zijn. Ze hebben ook nog aller-

lei goede, sterke kanten. Het is fijn als daar ook aandacht voor is.

- Soms met hun sterke kanten of doordat ze heel hard ge-oefend hebben de dyslexie heel goed kunnen verbergen (compenseren). Maar dat betekent niet dat ze geen last van hun dyslexie hebben!
- Vaak heel goed weten welke maatregelen of hulpmiddelen voor hen prettig zijn. Dat verschilt wel van kind tot kind, dus ga het gesprek hierover aan.
- Extra faciliteiten vaak echt nodig hebben (en als ze het niet nodig hebben, het fijn vinden dat ze er een beroep op kún-nen doen als dat nodig is). Dit zijn rechten en geen gun-sten! Andere kinderen mogen toch ook hun bril ophouden bij tentamens of 's ochtends hun ritalinpilletje slikken?
- Heel veel baat hebben bij wetenschappelijk onderzoek dat praktijkgericht is. Kijken jullie bijvoorbeeld eens naar het Britse 'No to Failure' project. Dit is een empirisch onder-zoek om het belang en de effectiviteit van vroege scree-ning van dyslexie en leerstoornissen te onderzoeken, en om in kaart te brengen welke gevolgen het heeft voor kinderen als hun leerstoornis wordt ontkend of niet wordt onderkend.

Kortom: veel leesplezier! Ik hoop dat het jullie tot nadenken aanzet!

Tom Braams

Inleiding

Mijn leerling kwam erg verdrietig en boos binnen. Zijn juf had ten overstaan van de groep gezegd dat hij 'dan maar naar het praktijkonderwijs moest.' Wat was er gebeurd dat er zulke harde woorden gesproken moesten worden tegen een jongen die waarschijnlijk prima naar de havo kan?

Hij had net als de andere kinderen zelf zijn werk willen plannen. Maar ja... híj is dyslectisch en daarom is er afgesproken dat hij zijn werk altijd in een vaste volgorde doet: eerst taal, dan rekenen.

Het was niet de eerste keer dat hij zo uit het veld geslagen bij mij op les kwam; een paar weken eerder had een andere juf de kinderen in zijn tafelgroepje toegeroepen dat ze rustig moesten zijn omdat er *twee gestoorde kinderen* in hun groepje zaten: mijn leerling en een meisje met ADHD en dyslexie.

Een verhaal uit de vorige eeuw? Nee, dit soort tot op het bot kwetsende opmerkingen wordt anno 2008 nog steeds gemaakt tegen keihard werkende dyslectische kinderen. Maar bijna niemand hoort ze, want bijna niemand vraagt ernaar. In de discussies en studies rond dyslexie komen dyslectische kinderen zelf zelden aan het woord.

In dit boek probeer ik te laten zien hoe kinderen zelf hun dyslexie ervaren. Ze vertellen openhartig over de eerste tijd waarin ze soms verbaasd en gefrustreerd waren toen ze merkten dat de klasgenootjes wel als vanzelf leken te leren lezen, en het bij hen maar niet wilde lukken. Hoe is het 'ontdekken' gegaan? Wat voelden ze toen de diagnose dyslexie werd gesteld? Wanneer hebben ze er in het dagelijks leven, bijvoorbeeld bij het uitoefenen van hobby's, last van? Wat waren de reacties uit de omgeving? Bij welke hulp zijn ze wel of juist niet gebaat geweest? Wat hebben ze aan de dyslexieverklaring? Hoe kunnen ze ICT inzetten? Welke invloed (soms ook positieve) heeft de dyslexie nu op hun leven? Welke invloed heeft het al gehad en zal het wellicht in de toekomst hebben, op studie- en beroepskeuze bijvoorbeeld?

De kinderen geven ook waardevolle tips voor klasgenoten, familie, leerkrachten, hulpverleners en andere dyslecten.

Naast de gesprekken die ik met ze heb gevoerd, heb ik ze ook gevraagd in een illustratie te verbeelden hoe dyslexie er voor hen uitziet. Deze prachtige illustraties zijn bij de interviews afgebeeld. De interviews zijn gehouden met kinderen van verschillende leeftijden en opleidingsniveaus. De jongste is negen jaar en zit in groep vijf, de oudste is negentien jaar en zit voor haar eindexamen vwo.

De geïnterviewden hopen dat veel kinderen en volwassenen dit boek willen lezen. Want, zoals een van hen zei: 'Als ze het uit hebben, begrijpen ze mij beter.' We hopen dat het fijn is voor andere dyslectische kinderen om te lezen dat ze niet de enigen zijn met dyslexie, en dat ze iets hebben aan de tips.

Het woord aan Kee

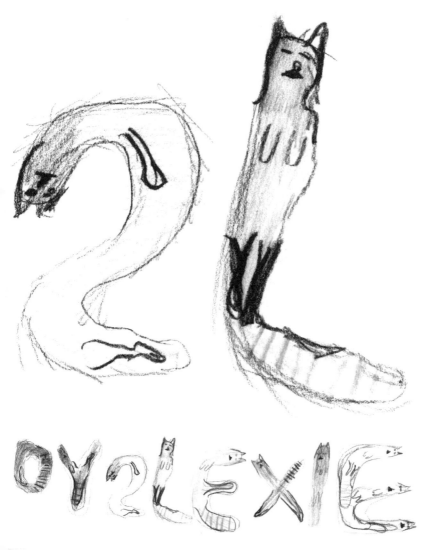

Ik heb de letters van poezen gemaakt. Toen ik klaar was, zei mijn vader dat ik de s-poes verkeerd om had gemaakt. Dat is ook wel echt dyslectisch!

Even voorstellen

Ik heet Kee, ik ben negen jaar en zit in de derde klas van de vrije school. Dat is eigenlijk hetzelfde als groep vijf op een gewone school. Mijn hobby's zijn toneelspelen en hockeyen.

Van achteropraken tot diagnose

Halverwege groep drie merkte ik dat ik minder snel leerde lezen dan mijn vriendinnetjes. Ik deed wel mijn best en wilde het heel graag leren, maar ik kon het gewoon niet goed. Dat vond ik wel gek. Want ik was veel langzamer dan de rest van de kinderen uit de klas en ik maakte ook veel meer fouten. En ook merkte ik die fouten niet en andere kinderen merkten het wel als ze fouten maakten. Dan gingen ze verbeteren, maar ik zag niet wat er fout was, dus kon ik het niet verbeteren. Dat was niet leuk.

Ik heb een nichtje, een neef en nog een nichtje, die zijn ook dyslectisch. En ook nog een paar dyslectische tantes en oom

Dat bleef de hele tijd zo in groep drie. Later, in groep vier, zeiden mijn ouders dat ik bij Stichting Taalhulp[1] extra hulp moest met taal. Dan werd ik 's middags opgehaald en weer teruggebracht naar school. Ik vond dat helemaal niet leuk, want als je in de middag opgehaald wordt, mis je de leuke dingen zoals buiten spelen. Andere kinderen vonden dat soms wel bijzonder, maar ik voelde mij juist niet bijzonder omdat ik al die leuke dingen miste met mijn vriendinnen samen.

Toen ik een tijdje bij Stichting Taalhulp was, hoorde ik voor het eerst over dyslexie. Want ze dachten dat ik misschien wel dyslectisch was. Ik werd getest maar toen wist ik helemaal niet wat dyslexie was, nu weet ik het wel hoor! Toen ze bij Taalhulp vertelden dat ik het was, heb ik gevraagd: 'Wat is dat dan?' De juf daar vertelde dat het betekende dat je meer moeite met taal hebt dan andere kinderen. Dat had ik wel gemerkt, maar ik wist niet hoe het kwam. Dat weet ik nog steeds niet. Het zit gewoon in je. In jezelf. Bij mij zit het ook wel in de familie, maar dat wist ik toen natuurlijk ook nog niet. Dat hoorde ik later. Ik heb een nichtje, een neef en nog een nichtje, die zijn ook heel dyslectisch. En ook nog een paar dyslectische tantes en ooms.

Reacties

Als ik het aan andere kinderen en mensen vertelde, zeiden ze: 'O.' Ze vroegen niets. Maar ik wilde wel verder vertellen, want ik vind het juist heel fijn dat iedereen het weet. Want anders zeggen ze: 'Wat ben jij raar' of 'Wat ben jij slecht in taal.' En als ik het dan verteld heb, dan hoeven ze dat ook niet tegen mij te zeggen. Ze zeiden volgens mij ook alleen maar 'O' omdat ze niet wisten wat dyslectisch was en dus ook niets konden vragen. Daarom vertelde ik het zelf maar, dan wisten ze tenminste waarom ik slecht in taal ben. Maar ik vond het niet leuk om erover in de kring of zo te vertellen. Ik was ook nog wel heel klein toen, zeven of zo.

Een andere school

Eerst was ik in groep drie alleen voor taal blijven zitten en daarna zeiden mijn ouders in groep vier dat ik naar een andere school moest. Toen ging ik naar de derde klas van de vrije school, maar dat is gewoon groep vijf eigenlijk. Ik denk dat dat moest omdat ik dyslectisch ben, maar mijn ouders zeggen van niet. Maar ik weet het wel hoor, je doet je kind toch niet zomaar naar een andere school opeens.

Zij zeggen dat het is omdat ik daar meer dingen kan doen die ik leuk vind. Ze zeggen dat ze dat bij mij zagen, bijvoorbeeld toneel. Eerst vond ik het heel jammer, want mijn vriendinnen bleven op die andere school en die miste ik zo heel veel, echt heel erg veel. Maar nu vind ik het wel leuk daar. En die vriendinnen zie ik nog steeds en nu heb ik er meer vriendinnen bij. En eigenlijk was ik wel klaar met die school, want als er leuke dingen waren, was ik soms nog niet klaar met mijn werk en dat moest ik dan eerst afmaken. En ook al zeggen ze dat het niet met dyslexie te maken heeft, ik weet wel dat dat écht zo is. Ik ben blij met mijn nieuwe school, maar het is ver weg en nu moet ik steeds met de auto en eerst kon ik op de fiets, dat is wel jammer – als het niet regent.

Last van dyslexie

Op school heb ik last van mijn dyslexie als we een tekst van het bord moeten overschrijven. Dan gaan we eerst over de moeilijkheden in de tekst praten en dan moet ik al steeds van het bord lezen. En dan moet ik het daarna overschrijven in mijn schrift. Als ik begin, gaat het wel, maar als ik bijna aan het einde ben, gaat het helemaal niet meer. Dan word ik heel moe en zie ik het niet meer. Ik denk dat ik veel moeier word dan de andere kinderen, want die schrijven het gewoon over. Ook maak ik op het eind met overschrijven veel fouten bijvoorbeeld met de dubbele *ll* of zo. Maar soms zie ik dat nu zelf wel. Maar ik word daar heel moe van. Ik heb meer last met spellen en schrijven dan met lezen. Dat gaat nu wel beter. Ik lees thuis ook best wel veel boeken. Bij rekenen vind ik het moeilijk om het stukje boven de sommen te lezen. Dat begrijp ik soms niet goed en dan doe je het fout terwijl je het wel kan.

Dan ga ik al een lus maken als dat helemaal niet moet en komt er een andere letter te staan.

Ik houd heel erg van toneelspelen en zit daar ook op. En ik ben er best wel goed in. Bij toneel heb ik ook last van mijn dyslexie, want soms moet ik lezen en teksten uit mijn hoofd leren, en dat gaat dan niet zo snel. We moeten ook in een week een gedicht maken en leren, en dat heb ik dan niet zo snel in mijn hoofd. Eigenlijk heeft dat niet met toneelspelen te maken vind ik, want uit je hoofd leren is niet het spelen, dat kan ik juist goed. Dus het is wel gek dat dyslexie bij mij toch met toneel te maken heeft.

Begeleiding nu

Op dit moment ben ik niet meer bij Taalhulp, maar bij iemand thuis. We doen steeds een dicteetje met woorden en dan moet ik zelf kijken wat goed is en waarom het goed is of fout. En tellen hoeveel woorden goed zijn. Dat zijn er altijd heel veel. De foute woorden schrijf ik dan op een bladzijde in het *Spelling-spiekboek*[2] waar allemaal woorden met die fouten staan. Nu staat er al drie keer *strand*. Ik weet wel dat ik het langer moet maken, maar dan weet ik weer niet of het *stranden* of *stranten* is. En bij *duw* wist ik ook niet wat ik hoor als ik het zeg: *ieuw* of *uuw*.

Voor mij zijn de moeilijkste klanken om te lezen de *eu* en de *ui*, en om te schrijven de *h* en de *k* en de *l*. Dan ga ik al een lus maken als dat helemaal niet moet en komt er een andere letter te staan. En de *ui* schrijf ik soms verkeerd om, maar nu kan ik dat onthouden omdat ze op de computer naast elkaar staan. En als je het verkeerd doet op de computer, komt er een kringeltje onder. Dat is handig. Bijvoorbeeld *kluer* met eerst de *u* en dan de *e*, dan komt er een kringeltje.

Ik heb een schrift gekregen om letters beter te leren te schrijven en die moet ik dan thuis oefenen. Want eerst schreef ik heel klein en dan kon ik het zelf ook niet zo goed lezen. Dan maak je meer fouten. En we doen ook samen hardop lezen en dan praten we over de tekst. Op het laatst lezen we ook nog woorden op de computer, dat is soms wel moeilijk met *str* en *schr* aan het begin. Daar word ik ook moe van.

Op school heb ik het alfabet in hoofdletters en in normale letters op mijn tafel geplakt. Als we begrijpend gaan lezen, krijg ik een vergroting. Met dictee moesten we heel veel bladzijden woorden leren en daarna vragen beantwoorden met die woorden. Normale kinderen kregen daar veertig minuten voor en ik mocht er net zo lang over doen als ik wilde. Ze houden er veel rekening mee en daardoor ben ik wel beter geworden.

Thuis doe ik Woordkasteel[3] op de computer. Dat zijn hele grappige spelletjes. En ik lees boeken. Het leukst vind ik spannende boeken. Bijvoorbeeld griezelboeken van Paul van Loon. Met mijn vader doe ik dat hij een verhaal leest en dan schrijf ik dat op. En dan zegt hij wat fout is.

Ik wil ook leren typen, net als mijn zus, mijn ouders willen dat ik dat doe als ik twaalf ben, maar ik wil het als ik elf of tien ben. Ik kan nu al de spellingcontrole gebruiken en dat is wel handig.

> **Tip van Kee**
> Een vader moet nooit zenuwachtig worden als je een fout maakt, want dan wordt je kind helemaal overstressed.

De aardigste en de sufste opmerking

De aardigste opmerking is als mensen zeggen dat je als je dyslectisch bent, dat je dan niet dom bent. Dat weet ik eigenlijk ook wel, maar het is toch aardig.

Over de sufste opmerking die iemand ooit heeft gemaakt, moet ik even nadenken omdat ik al sinds de zomervakantie op mijn nieuwe school geen stomme opmerkingen meer heb gehad. Ik denk dat het toch wel was dat een kind aan mij vroeg 'Kan je niet slimmer zijn?' Toen zei ik maar dat ik dyslexie had en dat dat niet met slim te maken had. Eigenlijk vond ik die vraag ook niet slim, maar dat heb ik niet gezegd.

Andere dyslectische kinderen

Bij mij in de klas zit nog een jongetje dat dyslectisch is, maar die is veel dyslectischer. Dat weet ik omdat hij nog elke letter zo met zijn vinger moet aanwijzen en lezen. Ik weet het ook omdat de juf bij hem een keer riep: 'O, o, dyslectisch, irritant!' Ze bedoelde dat wel aardig hoor, ze wilde aardig grappig zijn. Iedereen moest lachen en hij ook wel hoor. En ik ook. Ik weet ook dat hij dyslectischer is omdat we soms samen een leesblad moeten delen en dan spelt hij uit zijn mond *s-p-e-l-t-eu-n* en dan moet het *speeltuin* zijn en dat kan hij dan niet goed lezen.

> **Tip van Kee**
> Als je samen met een kind leest moet je niet te snel gaan. Want dan is de vader al bij het einde en kan het kind het niet bijhouden. Dan ben je steeds kwijt waar je bent.

Toekomst

Later wil ik misschien knutseljuf worden, of dokter. Maar ik zag best enge programma's over dokters op televisie en nu wil ik het toch niet meer. Dus nu weet ik het niet. Als je dokter wordt, moet je wel heel veel lezen, ook als je ervoor leert; al die woorden en dan moet je alles onthouden. Dan kan je beter knutseljuf worden, dan hoef je niet te lezen. Maar dat wil ik nu ook al niet meer. Ik weet het nog niet. Later wil ik veel talen leren. In ieder geval Engels en Chinees. Chinees vind ik zo leuk! Hoe het klinkt! En ik wil ook Duits leren, maar dat krijgen we toch al op mijn school in de vierde klas.

Hoe zou dit boek kunnen heten?

Je moet dit boek niet *Dyslexie* noemen, want dan gaat echt niemand het lezen. Je kan het beter *Ik ben dyslectisch* noemen.

Het woord aan Tijs

Sommige mensen denken dat ik letters anders zie.
Een remedial teacher vroeg een keer aan mij of ik kon
uitleggen hoe ík de letters dan zie. Maar dat kan
natuurlijk niet; ik zie ze zoals ik ze zie, en blijkbaar zien
anderen ze anders. In mijn tekening kunnen niet-dys-
lectische mensen zien dat je woorden soms echt niet
kan begrijpen. Sommige woorden zijn gewoon grote
vraagtekens.

Even voorstellen

Ik heet Tijs, ik ben twaalf jaar en zit in groep zeven. Mijn hobby's zijn klimmen, voetbal en hockey – en dan het liefst keepen.

Van achteropraken tot diagnose

In groep vier merkte ik dat de kinderen uit mijn klas veel sneller gingen met leren lezen en schrijven. In groep drie ook wel een beetje, maar toen viel het nog niet zo op. In groep vier werd heel duidelijk dat ik het tempo niet bij kon houden. Omdat ik groep drie voor taal over had gedaan, was ik de tweede keer in die groep wel sneller klaar dan de anderen. Maar toen ik in groep vier opnieuw achterraakte, werd duidelijk dat er iets niet klopte. Ik maakte veel meer fouten dan de meeste andere kinderen. Mijn vriend Felix kon allang zo'n *maan-roos-vis*-boekje lezen en ik kon het maar niet.

Ik kreeg in groep vier extra hulp van de remedial teacher. maar dat was soms drie keer en dan vergat ze het weer of het ging zomaar niet door en lieten we het maar zitten na een tijdje. Ik ging door die hulp die nooit doorging dus ook niet vooruit, dat is wel logisch als je het eigenlijk niet krijgt. Ze gaf leesbladen mee naar huis die ik elke dag thuis met mijn ouders moest lezen. Voor spelling heb ik nooit extra hulp gehad; niet op school en ik kreeg ook geen werk daarvoor mee naar huis.

Omdat ik maar niet vooruitging, hebben mijn ouders en mijn groepsjuf besloten dat ik getest moest worden op dyslexie. Dat was ook in groep vier denk ik. Toen leerde ik wat dyslexie was, namelijk dat je meer moeite hebt met lezen, maar ik begreep toen nog niet dat je bijvoorbeeld ook meer moeite hebt met overschrijven en spelling. Daar ben ik later pas achtergekomen.

Ik hoorde het van een brief. Niet van iemand. Na de test kregen we een brief waarin stond dat ze het niet helemaal zeker wisten, maar dat ik wel zó dyslectisch was dat ik een verklaring moest krijgen en extra hulp en zo. Ik vond het niet heel erg toen ik dat hoorde, maar ik vond het wel jammer, want het betekende dat ik om hetzelfde te leren meer moeite moest doen dan mijn vrienden. Maar dat veranderde niet door die verklaring, ik had er toch altijd al meer moeite mee gehad, daar was ik wel aan gewend.

Mijn vader vertelde wat de voordelen van die verklaring waren, en daar was ik wel heel erg blij mee. Op school hielden ze er meteen wel rekening mee; toetsen werden voorgelezen en ik hoefde nog maar halve taallesjes te maken in mijn schrift. De rest mocht ik mondeling doen.

Reacties

Mijn oma zei dat het maar heel goed was dat ze tegenwoordig weten dat dyslexie bestaat omdat de mensen vroeger dachten dat je dom was, terwijl je dat helemaal niet bent. Op school begrepen de kinderen het wel, want er zijn meer kinderen dyslectisch. Ik hoefde ze niets uit te leggen.

Mijn juf leerde van mij regels op een andere manier uit te leggen aan de kinderen. Ik ging toen steeds naar het IWAL[4]. Als ik op het iwal een handige regel leerde, dan vertelde ik dat aan de juf en soms vroeg ze dan of ik het werkblad mee naar school wilde nemen. Bijvoorbeeld die regel met die twee *k's*; zij zei eerst tegen de kinderen: *pak – ken*, maar dat klopt niet. Je moet klappen en zeggen *pà – ken*, dan hoor je die korte klank op het eind van het eerste stukje waardoor je weet dat er twee *k's* na moeten komen.

In groep vijf leerde mijn juf van mij om de regels op een and. manier uit te leggen aan de kinderen.

In de familie

Mijn vader denkt nu steeds meer dat hij eigenlijk zelf dyslectisch is. Want hij heeft ook altijd veel moeite met taal gehad. En toen hij al die dingen over mij hoorde, zei hij: 'Ja, dat heb ik eigenlijk ook en dat ook en dat…' Hij herkende het allemaal. Hij heeft volgens mij mavo of zo gedaan en heeft zich daarna beziggehouden met computers. Ik weet niet wat voor scholen hij verder heeft gedaan, maar misschien moest hij wel naar de mavo omdat ze niet wisten dat hij dyslectisch was. Want vroeger wisten ze niet zoveel over dyslexie.

Invloed

Bij films en televisie vind ik programma's met ondertiteling minder leuk. Ik kan het wel lezen hoor, maar bij bijvoorbeeld humorfilms heb ik daar dan geen zin in omdat ik er toch al niet zoveel van houd. Als een film spannend is, vind ik het makkelijker om het te lezen omdat ik dan benieuwder ben naar wat er gezegd wordt.

Het huiswerk dat ik lange tijd thuis moest doen, vond ik heel vervelend. En nu moet ik een typecursus doen omdat

dat voor dyslectische mensen heel handig is om te kunnen. Maar ik denk dat ik daar dan ook weer langer over doe dan kinderen die niet dyslectisch zijn. Het is wel goed die type-cursus, want eerst deed ik er wel vijf seconden over om een letter te typen en nu gaat het al veel sneller. Het is voor mij belangrijk omdat ik als ik goed kan typen, ook goed de spellingcontrole kan gebruiken. En dat zal ik wel veel gaan doen op de middelbare school.

Je kunt ook je boeken laten voorlezen door de computer. Ik denk dat ik de computer meer zal gaan gebruiken dan andere kinderen. Ook omdat mijn vader veel van computers weet en hij mij daar dus bij kan helpen.

Tip van Tijs
Als je dyslectisch bent, moet je een heel leuk boek uitkiezen om te lezen en dan elke avond twee bladzijden lezen om te blijven oefenen.

Lastig met klimmen

Mijn lezen gaat de laatste tijd wel goed. De meeste last heb ik tegenwoordig met schrijven en overschrijven. Bij rekenen moet je alle sommen overschrijven in je schrift. Dan maak je veel fouten. Nu heb ik een afspraak dat dat niet meer hoeft. Ze hebben vergrote kopieën van het rekenboek gemaakt en daar mag ik de antwoorden in schrijven. Laatst moest ik de nek van een giraffe opmeten en toen klopte het helemaal niet, omdat mijn vergrote boek A4 is en het echte boek veel kleiner. Toen werd per ongeluk alles fout gerekend en dan denk je dat je ook slecht in rekenen wordt. Maar nu weet ik het en nu meet ik die dingen in het echte boek op en dan schrijf ik de antwoorden op de kopie.

Mijn vader denkt nu steeds meer dat hij eigenlijk zelf dyslectisch is.

Bij mijn hobby klimmen heb ik ook veel last van mijn dyslexie. Bijvoorbeeld bij het maken van de achtknoop; dan weet je die eindelijk, dan ga je de volgende dag weer klimmen en dan ben je hem weer helemaal vergeten. Mijn vader heeft daar ook veel last van. En toevallig klimmen we met een vriend van mij die ook dyslectisch is. En met zijn broer en vader die ook dyslectisch zijn... dus we zijn met z'n allen dyslectisch. Nee, dat is niet gevaarlijk hoor, we kennen die achtknoop nu wel, want we hebben er samen heel lang op geoefend.

Begeleiding
Bij het IWAL vond ik het helemaal niet leuk. Ik zat daar in een heel ongezellig wit kamertje en er was een computer met een speciaal toetsenbord. Ik moest elke dag wel vijftien zinnen overschrijven of zo. Het was helemaal niet leuk en ik had er ook nooit zin in.

Nu is het veel gezelliger. Ik ga één keer per week naar een begeleider. We doen allemaal verschillende dingen. Ik stuur mijn begeleider bijvoorbeeld een mailtje met de spellingcontrole, ik werk aan mijn handschrift, leer spelling uit een boek en moet dan tellen hoeveel er goed zijn, we lezen woorden op de computer en we lezen samen een tekst een paar keer hardop. En daar praten we dan over. Het huiswerk is ook leuker want dat is mailen, gewoon leuke boeken lezen en Woordkasteel-spelletjes doen. Ik snap niet alle spelletjes op Woordkasteel, dus ik doe vaak dezelfde. Eigenlijk doe ik het nu niet zo vaak meer, omdat ik steeds met de typecursus bezig ben.

Bijles moet leuk zijn. Ik vind het nu leuker dan school. Het is belangrijk dat je zelf mag kiezen wat je eerst gaat doen en welke tekst je samen leest. Want wat je leuker vindt, lukt je beter.

Die saaie hulp was wel heel nuttig hoor. Ik heb daar veel geleerd van de basis van de spelling.

> **Tip van Tijs**
> Andere kinderen moeten niet tegen dyslectische kinderen zeggen dat het flauw is dat ze minder moeten schrijven. Ze hoeven echt niet jaloers te zijn dat ik dyslectisch ben.

Conflicten

Mensen moeten niet doen alsof je dom bent. Ik heb het idee dat sommige medewerkers op school dat wel denken. Dan zeggen ze bijvoorbeeld precies waar je mee moet beginnen en wat je daarna moet doen; alsof je dat zelf niet kan bedenken. Tegen kinderen die ook slecht in taal zijn, maar niet dyslectisch zijn, zeggen ze dat nooit.

Vandaag zei ik bijvoorbeeld tegen mijn juf dat ik zo'n werkblaadje niet leuk vind en dat ik ook zelf mijn werk wil plannen. Toen moest ik bij haar komen en zei ze waar alle kinderen bij waren, dat ze een gesprek met mijn ouders wilde en dat ik als ik zo doorging maar naar het praktijkonderwijs moest gaan en zo. Ik dacht: je kan me als ik de Cito goed doe, toch geen praktijkonderwijs laten doen? Ik was heel verontwaardigd en de andere kinderen ook. Later hebben we erover gepraat en zei ze dat het een misverstand was omdat ze dacht dat ik niet wilde werken. Nu mag ik een tijdje proberen om zelfstandig te beslissen of ik met taal of met rekenen begin, net als de anderen. Toen kwamen we ook op het onderwerp dat ik dacht dat ze op school denken dat dyslectische mensen dom zijn. Ze zei dat dat niet zo was, maar ik zei dat ze dat alleen maar zegt om de school te verdedigen. Want in hetzelfde gesprek zei ze ook nog: 'Maar Tijs, je bent tóch anders dan anderen.' Daarna heb ik gezegd: 'Hier heb ik geen zin in, het is half twaalf, ik ga weg.'

Ik wil dingen net als de andere kinderen doen, dus als ik de Cito moet doen, wil ik best met die koptelefoon omdat ik die nodig heb, maar ik wil wel gewoon in de klas en niet in een hokje. Dat vind ik niet zo gezellig.

Toekomst

Later wil ik met probleemjongeren gaan werken, bijvoorbeeld jongeren die drugs gebruiken helpen. Ik weet niet wat voor opleiding ik daarvoor nodig heb. Maar welke opleiding ook, ik zal wel last van mijn dyslexie hebben. In mijn werk zal ik er niet veel last hebben, ik hoef ze niet te gaan leren spellen als ze aan drugs verslaafd zijn.

Het woord aan Rivka

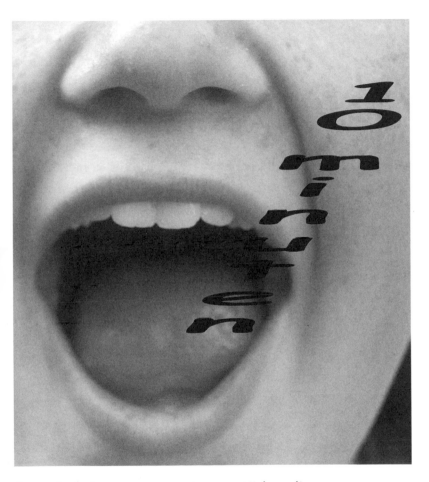

Soms heb je gewoon wat meer tijd nodig.

Even voorstellen

Ik heet Rivka, ik ben twaalf jaar en zit in groep acht. Mijn hobby's zijn Circus Elleboog, skiën, zwemmen, knutselen en buiten spelen.

Van achteropraken tot diagnose

In groep drie en vier was taal niet echt mijn lievelingsvak. Wel vond ik schrijven in mijn schrijfschrift leuk. Iedereen zei ook altijd dat ik heel mooi kon schrijven. Dat deed ik heel graag.

In groep zes merkte ik pas echt dat ik achterbleef met taal. Zeg maar vergeleken met de andere kinderen. In groep vijf was ik wel blijven zitten, maar dat had er volgens mij mee te maken dat ik moest wennen aan een heel ander systeem. Eerst zat ik op een gewone school. Toen ik naar Amsterdam verhuisde, ging ik naar een jenaplanschool. Dat was echt heel anders en daar moest ik heel erg aan wennen. Je moest steeds naar verschillende groepen en lokalen en juffen (die je 'medewerker' moest noemen) in plaats van dat je gewoon met je eigen groep in je eigen klas bij je eigen juf was. Ik moest zelf mijn werk indelen en daar was ik helemaal niet aan gewend. Het was allemaal erg moeilijk. Om beter te leren plannen was het beter groep vijf nog een keer te doen. Dat had niet met dyslexie te maken, want ik wist toen nog niet dat ik dyslectisch was. Eind groep zes was ik wel erg achter met taal. Ik maakte veel meer fouten dan de andere kinderen van mijn groep. Ik vond dat wel stom van mijzelf.

Eerder had ik wel al hulp met lezen gehad bij de remedial teacher. Ik kreeg in groep vijf bladen met allemaal woorden en een verhaaltje mee naar huis en die moest ik thuis elke dag oefenen met mijn moeder. Dat vond ik echt saai. Ook moest ik op maandag bij de biebjuf mijn taallesje doen in plaats van in de klas.

en paar dagen later belde ze mijn moeder om te zeggen dat ik en dyslexie-onderzoek moest, omdat ik hele grote achterstanden d met lezen en met spellen.

In groep zeven ging ik voor extra hulp na schooltijd werken met een tante die juf is op een school waar kinderen zitten die echt heel moeilijk kunnen leren. We hebben een paar keer een dictee gedaan en ze heeft uitgelegd wat ik fout had gedaan. Maar ik ging op school niet vooruit daardoor. Het was ook een beetje raar om van een tante les te krijgen, want meestal kwam ze gewoon op visite en nu moesten we opeens gaan werken. We deden dat zo ongeveer één keer per twee weken. Ik vond dat erg stom, want mijn broertje kon dan gewoon gaan spelen en ik moest met haar gaan zitten. We hebben het ook niet zo lang volgehouden.

In groep zeven maakte ik de entreetoets met taal veel slechter dan gemiddeld en toen zei mijn juf dat ik er meer aan moest werken. Ze wist een remedial teacher die bijles gaf. Mijn moeder heeft geregeld dat ik in groep acht van haar elke week extra les kreeg om de Cito beter te kunnen maken. De eerste keer dat ik bij haar kwam, moest ik een dictee maken en heel snel woorden lezen die wel bestaan, en woorden lezen die niet bestaan. En bijvoorbeeld ook luisteren naar een woord en dan een letter weglaten. Een paar dagen later belde ze mijn moeder om te zeggen dat ik een dyslexie-onderzoek moest, omdat ik hele grote achterstanden had met lezen en met spellen terwijl ik best al veel extra geoefend had.

> **Tip van Rivka**
> Laat kinderen niet nablijven als ze veel fouten hebben, want ze kunnen er niets aan doen.

Ik wist wel wat dyslexie was, want er zitten een paar dyslectische kinderen in de klas en er heeft iemand een spreekbeurt over gedaan. Maar ik had er nooit bij nagedacht dat ik misschien dyslectisch was, en bij mij thuis en op school volgens mij ook niemand. Toen ik hoorde dat ik een onderzoek moest, dacht ik: oké, we zien wel wat eruit komt. Bij het onderzoek moest ik hardop lezen, luisteren naar woorden en het dan nazeggen, maar dan werd het woord heel raar gezegd, letter voor letter. Je moest naar plaatjes kijken en dan twee dezelfde aanwijzen, naar een woord luisteren en dan zeggen wat de betekenis was, en ook van allemaal kleine figuurtjes een groot figuur maken.

De uitslag was dat ik dyslectisch was. We waren toch niet verbaasd eigenlijk, ook al hadden we er niet aan gedacht van tevoren. We gingen naar de juf om het te vertellen en die vond het wel raar dat ik dyslectisch was. Ze zei: 'O, goed', maar het drong geloof ik niet echt tot haar door. Maar ze heeft toch wel dingen gedaan zoals één taallesje per week mondeling, en als het een hele lange taalles is, hoef ik nu niet meer alles over te schrijven. Hetzelfde als bij de andere kinderen die dyslectisch zijn.

Reacties
Een vrouw die ik ken van pinksterkamp, zei dat het fijn was om te weten dat je dyslectisch bent, omdat je dan op je eigen niveau kan werken met een beetje hulp. Ze begreep het goed omdat haar zoon ook zoiets als dyslectisch is. Verder reageerde iedereen best gewoon, de meeste mensen weten wel wat het is. Mijn moeder was ook altijd slecht in taal, die herkent heel erg wat ik heb. En mijn nichtje heeft, zeg maar, dyslexie met rekenen.

rder reageerde iedereen best gewoon, de meeste mensen ten wel wat het is.

Informatie
Ik heb verder geen informatie gekregen of gezocht over dyslexie. Wat ik erover weet, is van een liedje van Kinderen voor Kinderen, meer weet ik er eigenlijk niet van. In dat liedje zeggen ze dat je ogen het niet goed doorgeven. Zoals ze het in dat liedje zingen, herken ik het wel een beetje.

(…)
Fabian: Maar toen ik naar groep 3 ging had ik plots een vet
        probleem
        We gingen leren lezen en ik merkte het meteen
        Het ging niet en dat is niet gelogen
        De letters dansten voor m'n ogen
        Ik dacht even: ben ik wel normaal?
        Maar het lag enkel en alleen maar aan de taal
(…)

Juf heeft het begrepen en ze zei tegen de klas
Dat lezen niet voor iedereen zo vanzelfsprekend was
'Je bent dyslectisch en de letters op papier
Die draaien en bewegen, je leest riem in plaats van
mier
Het lukt niet, al blijf je-n-het proberen
De letters dwarrelen en keren
En je hersens werken prima hoor
Alleen je ogen hè, die geven het niet door!'
(...)

Ik ben lectystisch
Koor: Dyslectisch
Fabian: Nou en...
Dat zegt niet dat ik anders ben
Ik ben alleen niet zo handig met taal
De woorden die ik tegenkom
Die draai ik soms een beetje om
Het is een kwaal waar ik zo af en toe van baal
Fabian: Maar voor de rest ben ik gelukkig
Koor: Aaaaaaahaaaaaaaa
Maar voor de rest ben ik gelukkig
Aaaaaaahaaaaaaaa
Maar voor de rest ben ik gelukkig geniaal
Aaaaaaaaaaahaaaaaaaa[5]
(...)

Begeleiding

Bij die remedial teacher begonnen we met leren wat je moet
gaan doen als je een woord gaat spellen. Eerst denk ik nu: is

het een regelwoord, een luisterwoord of een inprentwoord? Als ik zie dat het een regelwoord is, ga ik nadenken over welke regel het is. Dan pas schrijf ik het woord op. En daarna controleer ik of het helemaal goed geschreven is. Bijvoorbeeld of ik geen letter vergeten ben en zo. Voor een inprentwoord heb ik trucjes geleerd, bijvoorbeeld dat je sommige stukjes in alle woorden hetzelfde schrijft. Of kijken naar de betekenis en dan denken aan een woord dat een beetje hetzelfde betekent, bijvoorbeeld als je weet dat je *centraal station* met een *c* schrijft, dan zal je *centrum* ook wel met een *c* schrijven.

We hebben een paar maanden heel serieus gewerkt. Ik heb ook thuis oefeningen gedaan als huiswerk. En het ging elke week door. Ik vond het niet altijd leuk om erheen te moeten, maar toch weer wel want daar heb ik heel veel geleerd. De laatste twee lessen voor de Cito maakte ik helemaal geen fouten meer.

> **Tip van Rivka**
> Dyslectische kinderen zelf moeten zich er niet zoveel van aantrekken, want je bent gewoon iemand. Een ander kind is misschien niet goed in rekenen. Je kan niet overal goed in zijn. Maak je niet te druk erover, je hebt er misschien maar tien minuten per dag echt last van.

Eindtoets

De Cito kreeg ik op een cd, dan hoefde ik de vragen niet te lezen. Ik denk dat dat mij heeft geholpen, niet alleen bij taal maar ook bij de andere dingen zoals wereldoriëntatie, waar

veel moeilijke namen in zaten. Ik moest het met nog een dyslectisch meisje in het hokje van de ib'er[6] maken. Dat was wel
gezellig. Maar ik vond het vervelend dat je steeds aan het begin van de cd precies hetzelfde hoorde, dan moest je steeds
heel lang wachten. Bij de uitslag van de Cito bleek dat ik met
taal mijn rekenen had opgehaald! Ik had het heel goed gedaan. Ik had maar 24 fout van de honderd taalvragen. Dat
was 45 percentiel, voor rekenen had ik 33 percentiel. Totaal
kwam ik op 535, precies wat ik nodig heb voor vmbo-t waar
ik naartoe wil. Ik was heel trots op mijzelf en andere mensen
ook.

Met het kiezen van een middelbare school hebben we er
goed rekening mee gehouden of mijn lievelingsvak knutselen daar wordt gegeven. En ik heb in de schoolgids gekeken
of ze rekening houden met dyslexie.

Het lijkt mij leuk om Engels te kunnen spreken, maar dat
lijkt mij heel moeilijk om te leren. Ook wil ik wel graag Spaans
en Duits leren, dat is handig om te kunnen praten.

Toekomst

Later wil ik dierenverzorger worden in Artis of een andere
dierentuin. Ik denk niet dat ik daarbij last van mijn dyslexie
zal hebben, maar dat is niet waarom ik het kies hoor! Of ik
word wereldreiziger, dan heb je ook geen last van dyslexie,
maar je moet wel goed Engels spreken...

Het woord aan Jasper

Op een geveegn menmot las ik egrens dat het niet uimtkaat als de wrooedn veeerkrd gslpeed zijn; als de estree en de letstaae ltteer maar geod zjin. Vdeere mtoeen ook wel de jstuie ltteers in het worod vroookemn. Dan knunen niet-dlysceistche mesnen het bnjia net zo mijkkaelk lzeen als wnneear het wel in de gdoee vlgoodre is. Maar dsyeclten zuoedn dat dan niet knunen onfjictreen.
Dat nmeinad weet hoe lzeen pecries wkret in je hsreenn bweees het feit dat ik het bset adirag deed.

Even voorstellen

Ik heet Jasper, ik ben dertien jaar en ik zit in de eerste klas van een montessori-vmbo met lwoo[7]. Mijn hobby's zijn judo en ergens naartoe gaan. Dat vind ik altijd heel leuk, al is het gewoon boodschappen doen of zo. Of met ons gezin op stap gaan, dat is het leukste wat er is. Bijvoorbeeld naar een kindermuseum waar je zelf allemaal dingen kan doen.

Ik heb een keer een boek gelezen dat heette *Ik ben niet bom*[8]. Dat was een heel spannend boek. In het begin werd de jongen heel erg gepest en kon hij helemaal niet lezen. En op het einde had hij een inbraak in school opgelost en hij had bij een brand kinderen gered. De pestkop werd zijn vriend, dus het was wel heel leuk om te lezen. Het was volgens mij geschreven door een dyslectisch iemand.

Van achteropraken tot diagnose

Zelf heb ik eigenlijk nooit gemerkt dat ik iets had, want ik dacht gewoon dat ik slecht was in lezen.

Ik vond leren lezen in groep drie ook helemaal niet leuk. Ik wilde het niet léren: ik wilde het kúnnen. Ik kreeg wel die boekjes van *maan, roos, vis*, maar die kon ik echt niet lezen. Gelukkig stond er in het begin meestal wel een plaatje bij. Dus dan zei ik maar 'vis' bijvoorbeeld en dan was het goed. Maar de letters kon ik eigenlijk niet lezen.

Vanaf het begin in groep drie spelde ik vreselijk. De letters leren schrijven ging wel een beetje, alhoewel ik ook een vreselijk handschrift had. Dat was maar net te lezen. Ik kreeg een speciaal soort handvat aan mijn potlood. Dat hielp niet echt zo goed, want toen ik het kwijt was en geen nieuwe kreeg, ging het niet slechter. Het lag er niet aan dat ik mijn potlood niet goed vasthield. Mijn handschrift was gewoon heel slecht. De letters kwamen niet mooi uit mijn hand op papier. Spellen ging dus meteen heel slecht. Ik wist eerst echt niet wanneer en waarom er bijvoorbeeld een dubbele *k* moest. Of de lange en de korte *ij*, dat wist ik echt niet. Nog steeds kan ik niet goed spellen, maar natuurlijk wel beter dan toen.

vond leren lezen in groep drie ook helemaal niet leuk. Ik wilde t niet léren: ik wilde het kúnnen.

Op school dachten ze in groep drie dat ik overal slecht in was, en daarom deed ik al meteen niet mee met toetsen. Ze dachten dat ik er nog niet aan toe was. In groep vier kreeg ik andere juffen en die lieten mij wel toetsen maken. Toen bleek dat ik al een jaar achterstand had. Dat was wel heel erg, want ik had dus achterstand én dyslexie. En dan kan je het niet zo snel inhalen.

Die juf uit groep vier heeft het voor het eerst over dyslexie gehad. Ik heb toen eerst een tijd hulp van haar gehad en ook nog van iemand op woensdag. In groep vijf kwamen ze er toen echt zeker achter dat ik dyslectisch ben. Ze hebben mij dat op school verteld.

> **Tip van Jasper**
> Op de basisschool moeten ze eerder aan dyslexie denken. Toen het bij mij nog niet bekend was, dachten ze dat ik ergens nog niet aan toe was. Daardoor krijg je meer achterstanden dan nodig is.

Reacties

De mensen om mij heen waren niet erg verbaasd. Mijn ouders vonden het ook niet erg; mijn moeder en mijn opa zijn ook dyslectisch. We hebben het er niet veel over gehad. Ik heb een zusje van negen in groep vijf. Bij haar zijn ze nu ook aan het kijken of ze misschien dyslectisch is. Zij lijkt nog wel dyslectischer dan ik.

Aan mijn vriendjes heb ik uitgelegd wat het was. In mijn klas was ik altijd het enige dyslectische kind. Maar meestal had mijn juf of meester wel eens in een ander jaar een dyslectisch kind in de klas gehad, dus iedereen wist er wel wat van. En ze hielden er ook rekening mee.

Begeleiding

Ik moest op school elke dag letters en woorden flitsen. Dan zie je heel even een letter of een woord en dan moet je dat heel snel zeggen. En soms ook tafels erbij, want die kreeg ik maar niet in mijn hoofd.

Van groep vijf tot groep zeven heb ik op de Bascule[9] gezeten. Daar heb ik heel erg hard moeten werken aan het lezen. Ik kreeg daar tastkast. Dat is een kist met gaten, dan moest je met je linkerhand erin en proberen te voelen wat er stond. Ik vroeg waarom ik dat niet met mijn rechterhand moest doen. Ze zeiden dat dat was omdat je rechter hersenhelft je linkerhand bestuurt. Door met mijn linkerhand te voelen, dachten ze dat mijn rechter hersenhelft getraind werd. In die kast voelde je plastic letters die ingeklemd zaten op een bord. Van die letters moest je dan woorden maken. Ik had helemaal niet het idee dat dat hielp, maar gek genoeg hielp het wel Of nou ja, in ieder geval ging ik wel vooruit. Maar misschien kwam dat wel door die computer daar. Daarop moest je steeds heel snel woordjes lezen. Maar de *b* en de *d* kon ik echt nooit uit elkaar houden. Nu lukt dat wel, want ik heb een ezelsbruggetje met het woord *bed*.

Na een tijd kreeg ik een avi-toets op de Bascule. Ze zeiden: 'Als je avi 5 hebt, dan ben je over de berg.' Ik haalde dat eind groep zeven. Avi 9 heb ik nooit gehaald, maar in groep acht wel avi 8. Ik lees geen fouten, maar ik lees gewoon veel te langzaam om op avi 9 te komen. Nu heb ik mij daar wel bij neergelegd, want iedereen zegt dat het goed is dat ik weinig fouten lees. Dat is beter dan dat je heel snel alles fout leest. Dan snap je minder goed wat je leest.

Met rekenen ging het ook niet goed. Tenminste niet op school. Maar als ik thuis iets echt wilde weten, dan lukte het wel. Ik kon het dus wel, maar op school wílde ik het niet. Ik wilde het écht niet. Dat lezen was al zo moeilijk, al mijn energie ging daar inzitten. Ik had niets meer over voor rekenen. Gek genoeg vond ik *Goed gelezen*, dat is begrijpend lezen, wel leuk. En dat kon ik ook goed. Ik kon het vooral heel goed als de tekst mij werd voorgelezen. Als ik het zelf moest lezen, duurde het veel te lang.

We moesten ook hardop voorlezen in de klas. Dat deed ik natuurlijk heel langzaam. Gelukkig zat er soms een aardige jongen naast mij die mij snel een woord influisterde als ik er niet uitkwam. Maar heel vaak heb ik niet hardop gelezen, want ik heb daarvoor nooit mijn hand opgestoken. Mijn juf had dat wel door, maar ze liet mij maar. Ze snapte het denk ik wel.

Een tijd lang zat ik op school opgescheept met een jongen die ik haatte. Hij was heel moeilijk met zijn gedrag. Ik moest met hem werken omdat ik zo rustig was en altijd doorwerkte en juist helemaal geen pestkop was. Hij eiste echt alle aandacht op. Later is hij van school gestuurd, maar ondertussen zat ik wel tijden naast hem en werd ik altijd heel erg afgeleid. Terwijl ik natuurlijk juist meer wat stilte nodig had om alles te lezen met taal en rekenen.

Tip van Jasper

Lees lekker mee met luisterboeken. Als je dyslectisch bent, kan je lid worden van Dedicon[10], dan hoef je ze niet te kopen. Ook niet Harry Potter en zo. Je krijgt dan een dikke schijf die je via je computer op je mp3 kan zetten, dan kan je ze ook op vakantie luisteren.

De begeleiding bij de Bascule was onder schooltijd. Eerst was het onder de gymles, maar toen ik zei dat ik gym juist leuk vond en liever niet wou missen, hebben ze de gymles met een andere klas omgeruild. Op de Bascule ging ik in het begin ook praten over hoe ik mij voelde, maar dat hoefde al snel niet meer. Daar ging het niet om. Ik kon gewoon niet lezen, spellen en rekenen. Ik heb daar ook een IQ-test gedaan en ik had geloof ik een IQ van 112. Daar kon het dus niet aan liggen.

In groep zeven bij de entreetoets en in groep acht bij de eindcito kreeg ik een bandje. Andere toetsen door het schooljaar heen werden mij helemaal voorgelezen op de gang. Nou, eigenlijk deed ik ze eerst zonder voorlezen en daarna met voorlezen; en dan was het altijd twee keer zo goed.

Ook met rekenen; dan had ik het zelf gedaan en dan had ik een E. Als de juf het dan voorlas, haalde ik een C, en dat vonden ze dan weer wel goed. Door de dyslexie bleef ik achterstanden met rekenen houden; omdat ik langzaam werk, kreeg ik mijn werk nooit af, dus leerde ik ook niet alles. In ieder geval oefende ik daardoor minder. Dat is nu ook nog zo; ik heb meestal mijn werk niet helemaal af. Maar gelukkig is wiskunde nu niet zo moeilijk en haal ik met mijn grootste toetsen een *goed*, terwijl ik op de basisschool niet eens het boek van groep acht heb gehad. Toen ik van school ging, had ik net het boek van groep zeven af. Ik zat toen ook op een montessorischool en je moest daar gewoon in je eigen werktijd zelf werken aan al je werk. Meestal kreeg ik dan, omdat ik zo langzaam las, net wel de andere dingen af, maar aan rekenen kwam ik niet toe. Als het vlak voor een toets was, moest ik het mee naar huis nemen, maar anders lieten ze het maar. Maar ja, het is nu toch wel heel goed gekomen met mijn wiskunde.

Naar de middelbare school

Voor de Eindcito haalde ik 524, ik had niet eens het laagste van de school. Maar ja, in groep zes hadden ze het over havo gehad... 524... ik kan gewoon niet zo goed van die toetsen maken. Al die druk, echt grote druk, en dan heb je in de ochtend al die Cito achter elkaar en dat lukt dan niet. Ik heb vmbo-k advies gekregen. Met lwoo. Ik had daarvoor een keer een test gedaan met allemaal vragen over of je zweethanden krijgt bij proefwerken. Ik antwoordde steeds *nee*, maar toch heb ik lwoo. Misschien omdat ik ook *nee* heb gezegd bij een vraag over of je altijd meteen opstaat om te zeggen wat je ergens van vindt. In ieder geval kreeg ik het ook omdat ze mij niet in een groepje konden plaatsen, zeiden ze. Je had de stoere jongens, de pittige meisjes, en je had *ik*. Ik hoorde niet bij een groepje, wílde er ook niet bij horen. Dat was genoeg reden voor lwoo denk ik.

Voor de Eindcito haalde ik 524, ik had niet eens het laagste de school. Maar ja in groep zes hadden ze het over havo geb 524... ... ik kan gewoon niet zo goed van die toetsen maken

Voor het kiezen van een middelbare school ben ik maar naar twee open dagen geweest. Op een ervan werd ik niet aangenomen omdat ze geen kinderen met lwoo aannemen. Het was een leuke nieuwe school op IJburg, maar ik mocht er niet naartoe. Mijn vader heeft zich blaren op zijn tong gepraat. Uiteindelijk mocht ik toen toch meedoen met de loting en toen ben ik er uitgeloot.

Toen probeerden we het bij de Apolloschool, een school voor speciaal onderwijs, maar daarvoor had ik weer te weinig problemen, zeiden mijn ouders. Je moest daar niet alleen dyslectisch zijn, maar ook andere problemen hebben, en bijvoorbeeld maar avi 5.

Hier op het Montessori College Oost werd ik meteen aangenomen, zonder loting of zo. We kregen gewoon te horen dat ik kon komen. We hadden dat niet verwacht, omdat er op de andere scholen heel moeilijk werd gedaan. We waren er dus wel blij mee dat dat hier niet gebeurde. Hier voel ik me soms wel een beetje anders, want ik ben bijna de enige blanke. Soms kijken ze naar me en soms vragen ze wat ik hier doe omdat ze mij te slim vinden of zo. En omdat ik ook nog eens een van de weinigen ben die gewoon mijzelf blijft, ben ik ook een beetje anders. Ze reageren hier allemaal heel heftig op elkaar, maar dat betekent ook dat als iemand iets vervelends tegen mij zegt, dat er dan altijd iemand is die het heel heftig voor mij opneemt. Dat is wel prettig. Soms hebben ze het erover dat blanken discrimineren, en als ik dan zo naar ze kijk, zeggen ze: 'Jij bent een ander verhaal, jij bent aardig.' Dat vind ik pas erg.

Engels en Frans

Op de basisschool hadden we wel al een beetje Engels maar ik kwam daar nooit aan toe omdat ik mijn gewone werk nog niet af had. We kregen er ook geen toetsen voor. Eigenlijk had ik dus géén Engels en de anderen een beetje. Thuis had ik wel computerspelletjes in het Engels, dus wist ik wel een heel klein beetje toen ik in de brugklas kwam. Maar in het begin stond ik meteen onvoldoende. De juf van Engels overhoort mij soms mondeling. Ik heb een dyslexiepas waar van alles opstaat, bijvoorbeeld ook extra tijd. Daar heb ik ook veel aan. Vaak heb ik het net niet af en mag ik nog even doorgaan. Maar dat mogen de andere kinderen ook wel vaak eigenlijk. Ik sta nu voldoende voor Engels. Laatst heb ik een spreekbeurt gehad en die had ik goed. Voor woordjes leren vind ik de site www.wrts.nl[11] wel handig. Het handige eraan is dat je je eigen woorden kan overhoren en niet allemaal woorden die al in de computer staan.

Bij Frans vraagt de meester altijd eerst aan mij of ik het begrijp, en hij laat mij ook mondeling de toets overdoen als ik hem niet goed heb. Maar toch sta ik nu *matig*.

De hulp hier op school is niet goed of slecht. Maar het houdt maar niet op met extra spellinglessen Nederlands. Die duren nu al vanaf het begin van het schooljaar tot maart. Vaak ben ik de enige van het groepje die komt, en dan zit ik weer alleen. Ook valt het vaak uit door projecten of als de juf ziek is.

Positieve kant

Dyslexie heeft best veel goede dingen voor mij. Ik kan dan wel niet goed lezen, maar daardoor zie je weer beter waar je wel goed in bent. Dat valt dan meer op bedoel ik. Zelf weet ik nog niet zo wat mijn goede dingen zijn, maar mijn moeder zegt dat ik een goed inzicht heb, dat ik logisch kan denken en ook dat ik goed kan inschatten of iets past; bijvoorbeeld of je er wel of niet met de auto doorkan.

En ik ben, als ik inspiratie heb, wel goed in creatieve dingen bedenken. Dan verdeel ik mijn huis bijvoorbeeld in stedennamen die ik zelf bedenk: de serre heet dan Serree. En dan maak ik constructies met katrollen om speelgoedpoppetjes naar boven te takelen.

Als je dyslectisch bent, ben je echt beter in andere dingen: Einstein kon helemaal niet goed lezen en al die dingen met taal, maar hij kon wel heel goed rekenen en had veel inzicht. Hij kon wel heel goed nadenken.

Mijn moeder werkt bij een soort danstheater bij de deur. Maar ze schrijft ook stukjes voor het blad van dat theater. En van dat blad ben ik dé fotograaf. Mijn naam staat zelfs onder de foto's! Steeds neem ik een soort luchtfoto als er een feestje is dat ik moet fotograferen.

O ja, ik heb nog een positief ding. Ik onthoud altijd wat ik lees. Het duurt dan wel een paar eeuwen voor ik een tekst heb gelezen, maar dan begrijp ik ook echt wat er staat.

Langzaam

Het vervelendste van dyslectisch zijn, is dat je zo langzaam bent. Dan ben ik net aan het eind van de eerste alinea, dan is iedereen al klaar, en dan moet je stoppen terwijl je nog lang niet het hele stuk hebt gelezen. Daardoor kan je het daarna minder goed volgen in de les. Echt alles kost mij meer tijd. Met mijn huiswerk vraag ik mijn moeder of ze me wil helpen, dan gaat het niet zo erg langzaam tenminste.

> **Tip van Jasper**
> Ouders moeten nooit zeggen dat hun kind dom is. Mijn ouders zeggen altijd 'je bent niet dom, je kan gewoon niet lezen'.

Later wil ik misschien wel fotograaf worden. Maar het kan ook zijn dat ik nog iets anders leuks tegenkom. Als je fotograaf bent, moet je natuurlijk wel de teksten lezen waarbij je foto's moet maken. Dat doe ik dan niet zo snel. Of in die tekst staat waarvan je een foto moet gaan maken. Maar ik kan natuurlijk ook met de journalist meegaan, dan ben ik er meteen bij en hoef ik het artikel niet te lezen.

Het woord aan Samantra

Het is een zelfportret met een vergiet op mijn hoofd. Je ziet dat geschiedenis, wiskunde en Engels er goed ingaan, maar als losse letters er net zo hard weer uitvliegen. Ik blijf dan met veel vraagtekens zitten. Dat zie je ook in mijn ogen. Onder mijn portret heb ik de manieren geschreven waarop ik de dyslexie de baas kan.

Even voorstellen

Ik heet Samantra, ik ben veertien jaar en zit in de tweede klas van het vmbo-k. Mijn hobby's zijn fitness, lol maken en door het dorp lopen met vriendinnen, shoppen en hardlopen.

Van achteropraken tot diagnose

In groep drie merkte ik al heel snel dat ik meer moeite met taal had dan de andere kinderen in de klas. Ik ben toen ook blijven zitten. In groep vier vroeg ik mij echt af waarom het er bij mij zo moeilijk inging allemaal. Maar mijn moeder hielp mij heel erg veel thuis, waardoor ik toch wel bijbleef. Ik moest er alleen veel meer tijd insteken dan de anderen. Na heel lang oefenen kon ik zo'n beetje alle letters van het alfabet schrijven en op een dag riep ik toen: 'Mam, weet je, als je de letters van het alfabet kan schrijven, dan kan je ook alle woorden schrijven.' Dat was voor mij echt een ontdekking dat dat met elkaar te maken had. Maar ik schreef toch nog steeds heel vaak *peer* in plaats van *beer* of zo. Omdat ik de letters gewoon verkeerd om schreef of ook wel verkeerd om las. Ik had de meeste moeite met de *b*, *p* en *d*. En ook met de *eu*, *uu* en *ui*, vaak hoorde ik het verschil niet en dan schreef ik weer de verkeerde letters. Voor de *ui* had ik een ezelsbruggetje; ik had een uil met een knipoog in mijn hoofd, daardoor kon ik onthouden welke letter eerst moest.

Met dictee had ik altijd echt heel veel fouten, bijvoorbeeld twaalf als de rest er maar twee had. Ik ging er altijd van uit dat ik gewoon dom was. Mijn moeder zei wel dat dat niet zo was, dat ik alleen maar moeite met lezen had, maar dat geloofde ik niet zo. Ik maakte zoveel fouten! Dus ze kon het nog zo vaak zeggen, stiekem dacht ik het toch wel.

Op woensdagmiddag moest ik na schooltijd een half uurtje met mijn juf lezen. Maar dat hielp helemaal niet. Ik kon gewoon niet lezen, zat daar maar te stotteren en te hakkelen. Vond het vreselijk! Ik deed geen oefeningen om het beter te leren; ik moest net zo lang steeds dezelfde leeskaart lezen tot ik hem binnen een bepaalde tijd kon lezen. Ze nam ook altijd de tijd op, daar werd ik zenuwachtig van en dan ging ik nog meer hakkelen. Maar het was wel lekker als je het na een tijdje dan toch kon. Ik weet niet of ik er beter door ben gaan lezen. Thuis las ik ook elke dag met mijn moeder.

e nam ook altijd de tijd op, daar werd ik zenuwachtig van en dan ing ik nog meer hakkelen.

Wat ik heel jammer vond, was dat ik er altijd naast zat met afspreken. Als ik na dat half uur buiten kwam, was iedereen al weg en zat ik de woensdagmiddag weer zonder vriendin. Nu weet ik wel dat het belangrijk was, maar toen was ik nog maar zeven of zo en vond ik afspreken heel belangrijk.

Op vakantie moest ik ook met mijn oma lezen. Die had het misschien wel het eerste door; ze zei tegen ons: 'Volgens mij is ze leesblind.' Ik vond dat wel gek, want ik wist totaal niet wat het was. Hoezo blind, ik zag die letters toch! Mijn oma legde toen uit dat het niet met blind te maken had, maar met letters omdraaien en door elkaar gooien. Ik dacht: ja, hoor, dat zal wel, en geloofde er niets van. Ze vond dat ik getest moest worden, maar dat gebeurde niet; ik weet niet waarom het niet gebeurde, maar in groep zes was ik nog niet getest.

Mijn moeder is toen ik in groep zes zat, naar school gegaan en heeft toen echt om een test gevraagd. Ik werkte zo hard en ik ging maar niet vooruit. Achteraf wel zielig voor mezelf, vind ik.

Toen hoorde ik voor het eerst het woord *dyslexie*. Ik vond het echt een heel moeilijk woord. De school heeft mij toen nog steeds niet getest. In groep zeven verhuisden we naar Abcoude, waar ik al na drie weken opviel op mijn nieuwe school. De meester zei dat er iets aan de hand moest zijn en liet mij meteen testen op dyslexie.

Ik moest een paar middagen naar een juf met wie ik praatte over mijzelf. Op een dag moest ik een soort lesjes maken, daar heb ik nooit een uitslag van gehad. Ik bedoel hoe ik die testjes gemaakt had. Maar mijn moeder moest op school komen en toen hebben ze haar verteld dat ik dyslectisch ben.

Toen kreeg ik een meester met wie ik kon lezen en schrijven

In de klas hield de meester heel veel rekening met mij. Ik hoefde niet zo vaak de beurt met lezen bijvoorbeeld. Dat was echt heel fijn, maar de andere kinderen begrepen niet zo goed waarom ik zo weinig de beurt kreeg, en die riepen dan steeds dat ik werd overgeslagen. Maar dat had dus een reden. En toen hebben we er een keer met de hele klas over gepraat, toen bleek dat nog een jongetje het had. Met hem heb ik daarna vaak samengewerkt. Dat was heel leuk, want dan kon je er eindelijk over praten met iemand die het heel goed snapt. Ik heb hem heel goed leren kennen en we hebben elkaar veel geholpen.

Maar dat je niet hardop hoeft te lezen in de klas is ook slecht, want ik merkte dat als ik aan een oppaskindje wilde voorlezen, dat ik het bijna niet meer kon. Dan ging ik de volgende middag gauw naar de bieb om zelf weer te oefenen met hardop lezen. Want mijn lezen zakt heel snel weg; je moet dus veel blijven lezen, hoe moeilijk je het ook vindt. Alles met taal komt wel je hoofd binnen, maar het vliegt er snel weer uit.

Toen ik de dyslexieverklaring had en dus wist waardoor het kwam dat ik zo langzaam leerde, ging het meteen veel beter met mij. Die meester in Abcoude snapte mij heel goed; met hem kon ik echt lezen en schrijven! Toen ging ik ook goede cijfers halen.

In de familie

Mijn moeder heeft ook altijd heel erg veel moeite met taal gehad. Maar ze dachten nooit dat ze dyslectisch was. Achteraf heeft mijn moeder bedacht dat ze zelf ook dyslectisch moet zijn. Toen mensen zeiden: 'Sam heeft dit en Sam heeft dat', toen wist ze het zeker. Ze herkende het allemaal. Ze heeft eerst de mavo, toen de havo en toen het vwo gedaan. Dat vind ik echt heel knap. Ik heb een broertje in groep vier en we zien nu al dat hij ook dyslectisch is. Mijn moeder is hem dus alweer hard aan het helpen. Zelfs mijn opa herkent het allemaal: het moeilijke lezen, het hakkelen en stotteren; ik denk dat hij ook dyslectisch is, maar in zijn tijd kenden ze dat nog niet.

Last van dyslexie

Huiswerk kost mij altijd meer tijd dan iemand anders, dat vind ik wel irritant. Dat is bij alle vakken het geval, niet alleen bij Nederlands en Engels. Lezen voor verzorging of geschiedenis kost je ook meer tijd. Dan zegt een vriendin dat we niet zoveel huiswerk hebben, een half uurtje of zo, maar dan denk ik: ho even, dat kost mij zeker een uur.

Tip van Samantra
Hulpverleners moeten niet als ze een kind gaan begeleiden boem klats beginnen. Ze moeten eerst rustig contact met je maken en ook iets over zichzelf vertellen, zodat het kind vertrouwen kan krijgen. Je moet toch met die persoon dingen doen waarvan je weet dat je er niet goed in bent. Om dat te durven heb je vertrouwen nodig. Anders leer je er toch niets van. Je doet dan namelijk dingen niet omdat je bang bent dat je ze fout gaat doen. Het is heel belangrijk om mij als persoon te zien en niet alleen als dyslectische persoon. Het helpt om te praten over hoe je je voelt.

Bij het leren van Engels heb ik absoluut de meeste last van mijn dyslexie. Als het mooi weer is, zit ik naar buiten te kijken hoe iedereen gezellig buiten is, maar dan moet ik echt soms wel een uur Engels op een avond doen om het er een beetje in te krijgen.

Ook wil ik op maandag al de hele week gepland hebben, ik kan er niet tegen om onverwachte dingen mee te maken. Dan staat er opeens iemand voor de deur en dan is mijn hele planning in de war. Daar kan ik heel chagrijnig van worden. Pas vorig jaar kon ik de ondertiteling op televisie en in de bios lezen en tegelijk nog wat van een film snappen. Daarvóór kon ik het niet snel genoeg lezen en miste ik waar het precies over ging. Dat was heel lastig, want als je met een aantal vriendinnen naar de film wilde, wilde ik het liefst naar een Nederlandse. Maar dat waren natuurlijk niet altijd de films die we wilden zien. Sommige films heb ik wel acht keer gezien voor ik er wat van snapte.

Begeleiding nu

Mijn moeder helpt mij nog steeds met mijn huiswerk. In ieder geval met Engels, maar we praten ook wel eens over een tekst voor geschiedenis bijvoorbeeld als ik die moeilijk vind. Een oudere buurjongen wil mij altijd wel helpen met wiskunde. Hij legt het dan in zijn eigen woorden uit. Omdat hij een beetje van mijn leeftijd is, lijk ik hem wel beter te snappen.

Op de eerste middelbare school waar ik naartoe ging, was geen extra begeleiding voor dyslecten. Iedereen had veel problemen met taal, dyslectisch of niet. Ze hielpen dus niet extra als je een verklaring had. Ik ben dus weer van school veranderd.

Op de school waar ik nu zit, ga ik elke dinsdagochtend naar een remedial teacher die mij helpt met Engels. Daar praten we ook over hoe het verder met mij gaat op school. Ik heb een dyslexiepas gekregen; daarop staan aan de ene kant mijn rechten, zoals vergrote teksten en meer tijd, en op de andere kant mijn plichten, bijvoorbeeld dat ik mij goed moet inzetten en op een bepaalde manier mijn Engelse woordjes moet leren. Dat moet met een programma van internet: www.wrts. nl. Toen ik dat voor het eerst gebruikt had, had ik ook voor de eerste keer een goed cijfer voor Engels. Als ik het elke dag even doe, komt er gewoon een acht uitrollen!

Verder gebruik ik de spellingcontrole als ik typ. En samen met mijn broertje doe ik thuis spellingoefeningen op een cd-rom.

> **Tip van Samantra**
> Je moet erover praten met je ouders en je vrienden, soms zit ik met een vriendin op de schommel en zitten we er een hele tijd over te praten. Dat is heel lekker. Want dan begrijpen ze je goed en helpen ze je met huiswerk.

Toekomst

In groep acht heb ik meegemaakt dat juffen mij alleen op kleuters lieten passen; in plaats van mij juist meer aandacht geven, kreeg ik minder aandacht. Ze dachten dat ik het toch niet kon. Ze gaven mij daardoor wel het gevoel dat ze dachten dat ik heel dom was. Ze staken er gewoon geen energie in. Ook 'mocht' ik steeds met de thee rond, dan hoefden ze mij niets te leren. Ze gaven veel liever aandacht aan de kinderen die gymnasium gingen doen. Ik hoefde de toetsen niet mee te doen, maar kreeg ze ook niet voorgelezen zoals het eigenlijk zou moeten. Ook mocht ik niet met de Cito meedoen. Ik wilde naar het vmbo-theoretisch, maar mijn juffen zeiden dat ik dat niet zou kunnen. Toen ben ik naar vmbo-kader gegaan. Maar ik kom er wel hoor!

Later wil ik verloskundige worden. Ik moet dan eerst in de kraamverzorging en dan ga ik verder leren voor verloskundige. Ik denk dat ik in mijn studie behoorlijk last van mijn dyslexie zal krijgen, want je moet heel veel Latijnse woorden leren. Dat wordt nog wat. Ook zal ik alles goed moeten plannen en opschrijven, want anders vergeet ik nog dat er ergens iemand ligt te puffen!

Het woord aan Milan

De goede en slechte kanten van dyslexie.

Even voorstellen

Ik heet Milan, ik ben veertien jaar en zit in de derde van de havo. Mijn hobby's zijn tekenen, hockeyen, voetballen, fietsen, lekker sporten en creatief bezig zijn met toneel en zingen.

Van achteropraken tot diagnose

In groep twee wilde ik al heel graag leren lezen. Samen met een vriendje gingen we dat met z'n tweeën proberen te doen. In het begin ging het gelijk op. We gingen samen naar groep drie en in het begin bleven we nog wel gelijk op gaan, maar al vrij snel merkte ik dat hij steeds sneller ging dan ik; hij las dan drie boekjes in de tijd dat ik minder dan één boekje kon lezen. Ik vond dat erg jammer – voor zover ik mij dat nog kan herinneren – maar had er natuurlijk nog geen ideeën bij waar dat nou aan zou kunnen liggen.

Wat ik nog weet, is dat ik vanaf groep vijf extra hulp kreeg omdat ik erg achterbleef bij de rest; ook in groep zes en zeven heb ik veel extra hulp gehad. Misschien ook wel in groep vier, maar dat weet ik niet zeker, in ieder geval weet ik wel dat ik in de vakantie werkbladen mee naar huis kreeg om aan te werken met mijn ouders.

In groep vijf en zes was er een juffrouw die apart met mij ging zitten lezen om ervoor te zorgen dat je niet, omdat je het moeilijk vindt, het niet meer gaat doen. Dus dan las ik in ieder geval één keer in de week echt heel goed met die juffrouw. Dat hielp mij heel goed, zeker omdat ik mij heel trots voelde als ik weer een boekje uit had en een moeilijker boekje mocht lezen. Dat werkte stimulerend. Het was ge-woon onder schooltijd, het was tijdens de les ingepland; ik las dan op de gang apart met haar. Ik wist dat er nog drie andere kinderen waren in de klas die last hadden met leren lezen. Ik weet niet of ze allemaal dyslectisch waren, maar in ieder geval was ik niet de enige. Er werd door de andere kinderen ook niet gek over gedaan, het was gewoon een feit: oh ja, die wordt opgehaald om te lezen.

In groep vijf was ik mijzelf ervan bewust dat ik dyslectisch ben. Ik denk eigenlijk dat het al in groep vier gesignaleerd is, maar dat ik het echt zelf weet, is vanaf groep vijf. In groep zes moest ik elke week naar een instituut om te oefenen en kreeg ik een dyslexieverklaring. En ja, dat duurt dan toch even, want in groep drie bleef ik duidelijk al achter. Dus het ging zo: in groep drie achterblijven, in groep vier en vijf extra hulp op school en in groep zes wilden mijn ouders mij laten testen en kreeg ik een dyslexieverklaring en elke week hulp bij het IWAL.

In groep acht was ik uiteindelijk behoorlijk bij en was extra hulp niet meer nodig.

Tip van Milan
Kinderen die hun dyslexie uit de weg gaan, moeten op een aardige manier door leerkrachten en ouders gedwongen worden er toch iets mee te doen. Ze mogen niet de kans krijgen het beter leren lezen erbij te laten zitten. Daar krijg je later echt last van.

Begeleiding
De hulp bij dat instituut was wel buiten schooltijd. Soms had ik echt helemaal geen zin om ernaartoe te gaan – maar dat is eigenlijk net als bij elke sport of clubje waar je op zit – dat je

er soms echt helemaal geen zin in hebt. Omdat ik het moeilijk vond wat ik daar moest doen, stond ik sowieso natuurlijk nooit echt te springen om erheen te gaan. Maar in mijn beleving werd daar erg goed gewerkt; ik zie achteraf zeker het nut ervan in om erheen te gaan. Soms ging het naar mijn mening te langzaam, dan had ik het gevoel: zó dyslectisch ben ik nou ook weer niet! Maar ja, dat gaf mij dan wel weer een goed gevoel, dus dat was ook wel nuttig misschien.

Op mijn gevoel van eigenwaarde heeft mijn astma eigenlijk meer invloed gehad dan mijn dyslexie.

We werkten daar veel op de computer. Ik heb daar behoorlijk snel van leren typen. Ik werkte er voornamelijk aan spelling. Ik heb veel meer last van problemen met spellen dan met lezen. Lezen gaat bij mij inmiddels best goed, ik lees nu ook graag dikkere boeken als ze mij interesseren; het blijft bepaald niet alleen bij de *Donald Duck*. Lezen vind ik ook echt leuk als ik in een goed boek zit. Last heb en had ik dus vooral met spelling.

Ik heb ook nog een tijd bijles in een camper gehad. Dan kwam er een man in die camper naar school en dan had ik daar bijles in. Ik weet nog dat ik het erg leuk vond, hij was heel aardig en ik kon goed met hem praten. Maar ik heb niet het gevoel dat ik er veel geleerd heb.

Reacties
Omdat je het te horen krijgt als je nog heel klein bent, weten ook je vriendjes van die leeftijd niet wat het is. Zelf wist ik dat

ik daardoor meer last had met taal, en dat was het dan wel. Zelf weet ik er eigenlijk nog steeds heel weinig van af. Meer dan ik in groep vier wist (meer moeite met spelling), weet ik eigenlijk niet. Ik heb mij er ook nooit actief in verdiept.

Er heeft vanwege mijn dyslexie nooit iemand raar tegen mij gedaan, niet op school en ook niet in mijn familie. In mijn familie komt het niet voor, behalve dan bij een aangetrouwde achterneef, dus iets erfelijks kan er niet inzitten. Ook mijn broertje heeft nergens last van.

Hulp op school

Op de basisschool (en nu ook op de havo) mocht ik vergrote teksten krijgen, maar dat vergroten van die teksten, daar heb ik niets mee: ik ben niet blind! Dat is iets dat voor mij niet werkt, ik hoef niet per se grote vellen, daar heb ik geen baat bij. Wel heb ik tegenwoordig veel baat bij het krijgen van meer tijd, dat ik langer door mag gaan.

Op de basisschool had ik die tijd nog niet echt nodig; ik was wel langzamer dan veel anderen, maar echt in tijdnood kwam ik meestal niet. Bij dictee beoordeelden ze mijn dictee wel soepeler op de punten waarvan ze wisten dat ik er door mijn dyslexie meer moeite mee had.

En een juffrouw las het begrijpend lezen deel van de Cito-toets voor, dat hielp mij ook wel.

Invloed

Eigenlijk vind ik het nu helemaal niet erg. Ik krijg er heel veel voordeel door op school. Ze houden er echt heel erg rekening mee bij ons. Ik krijg gewoon soms extra punten. Bijvoorbeeld bij wiskunde krijg ik een punt hoger omdat ik dyslectisch ben. En dan hoor je mij natuurlijk absoluut niet klagen, maar ik zie toch niet helemaal wat wiskunde met dyslexie te maken heeft. Een keer had ik een 7,2 voor een proefwerk en toen zei de docent: 'Oh jee, ik ben vergeten je dyslexie mee te rekenen', toen ging ze zitten rekenen en werd het een 8,3! Dat verklaart misschien wel mijn goede cijfers voor wiskunde...

Tip van Milan
Als je dyslectisch bent moet je je nooit laten weerhouden toch veel te lezen. Denk niet: ik ben dyslectisch dus ik heb een hekel aan lezen. Lezen is heel belangrijk, zeker op de middelbare school zal je het hard nodig hebben om goed te kunnen lezen. En ook al geloof je dat misschien niet altijd; je wordt zeker beter door het veel te doen.

Engels is voor mij echt heel moeilijk, maar ik heb een juffrouw – die heb ik in de eerste gehad en nu in de derde weer, dus die kent mij wel een beetje – en ik vind dat zij echt heel goed omgaat met dyslexie. Ze zegt ook gewoon tegen mij als mijn rapportcijfer niet zo goed is: 'Je hebt toetsen gehad die je heel moeilijk vindt, dus dit cijfer is heel begrijpelijk.' Ze doet daar niet moeilijk over.

Misschien heb ik de goede hobby's uitgekozen, want in mijn dagelijkse leven en bij het uitoefenen van mijn hobby's heb ik niet of nauwelijks last van mijn dyslexie. Alleen wel bij zingen en toneelspelen soms, want als we Engelse liedjes bij een musical moeten leren, vind ik het toch wel erg moeilijk om die Engelse teksten te onthouden. Zeker omdat het met zingen natuurlijk met een behoorlijke snelheid uitgesproken moet worden. Onze meester heeft alle liedjes ook op cd staan. Als we dan een nieuw liedje moeten doen (Engels of uit het Engels in het Nederlands vertaald), krijg ik de cd mee naar huis en dan luister ik hem een aantal keren en ik merk echt dat dat dan een stuk makkelijker gaat als ik de teksten kan luisteren in plaats van alleen lezen.

en gaat bij mij inmiddels best goed, ik lees nu ook graag ere boeken als ze mij interesseren; het blijft bepaald niet en bij de Donald Duck.

Ik weet nog wel dat ik zo lang mogelijk films op televisie en in de bioscoop in de Nederlandse versie wilde zien. Anders zat ik anderhalf uur naar mijn idee ondertiteling te lezen in plaats van naar een film te kijken. Sinds ik op de middelbare school zit, doe ik dat niet meer en kies ik toch liever voor de originele versie, ik ga het lezen niet meer uit de weg.

Op mijn gevoel van eigenwaarde heeft mijn astma eigenlijk meer invloed gehad dan mijn dyslexie. Het feit dat ik niet dezelfde fysieke prestatie kon leveren als andere kinderen, hinderde mij meer dan het achterblijven met taal. Zeker omdat ik weet dat Einstein – toch het grootste genie van deze wereld – ook dyslexie had. En ik ben altijd door mijn omgeving gesteund.

Talen leren

Om woordjes te leren heb ik een hele handige manier gevonden. Vandaag had ik bijvoorbeeld een schriftelijk Frans.

Ik leer dan eerst het eerste woordje, dan het eerste en het tweede, dan het eerste, het tweede en het derde enzovoort. Ik leer de woordjes per rijtjes van tien woorden en dan heb je de eerste woordjes al bijna tien keer moeten reproduceren. Op die manier heb ik gisteren mijn schriftelijk geleerd en zo heb ik vanmiddag een 9,3 gehaald.

Ik heb Engels, Frans en Duits. Duits heb ik een tijdje verwaarloosd, maar daar heb ik mij de laatste tijd toch maar weer meer voor ingezet. Volgend jaar moet ik een profiel kiezen en dan kies ik *Natuur en techniek*, dan kan ik Duits en Frans laten vallen en dan houd ik Engels en Nederlands over. Dan moet ik wel heel erg de technische kant op met scheikunde, natuurkunde, wiskunde en biologie. Dan ben ik van dat Frans en Duits af. Ik mocht op zich wel Frans kiezen, mijn cijfers zijn in principe hoog genoeg, maar ik wil daar later niets mee.

> **Tip van Milan**
>
> Zeker als je Engels moet leren, raad ik iedereen aan om Engelse films te kijken en een tijdje zo min mogelijk naar de ondertiteling te kijken. Bij een dvd kan je de ondertiteling weghalen en dan kijken of je het zo snapt. Bijvoorbeeld met een film die je in het Nederlands al kent, zodat je toch wel weet waar het over gaat.

Toekomst

Later wil ik architect worden omdat ik heel erg van mooie gebouwen houd. En als ik ga tekenen, teken ik ook vaak gebouwen. Ik ben laatst op school in mijn tekenboek begonnen met

het proberen te ontwerpen van een aantal moderne stijl hui-
zen. Dat vind ik heel leuk om te doen. Ik moet dan wel eerst
naar de hts, omdat ik havo doe.

Ik denk dat ik als ik architect ben, meer bezig zal zijn met
bekijken van tekeningen en met inzicht in het proces; ja, je
zal wel eens rapporten moeten lezen over hoe het gaat op
de bouw. Ik heb niet het idee dat ik in dat beroep veel last
zal hebben van mijn dyslexie. Het hele ontwerpen speelt zich
toch in je hoofd af.

De hts is wel een pittige opleiding, maar ik denk dat het
wel zal lukken. Ik zie het wel, nu zit ik pas in de derde, dus ik
heb nog de tijd.

Het woord aan Eva

Even voorstellen

Ik heet Eva, ik ben bijna achttien jaar en zit voor mijn havo-examen. Mijn hobby's zijn piano en gitaar spelen en soms op mijn mandoline pingelen. Ik kijk heel veel televisie: films, MTV, maar voornamelijk series, ik kijk *Grey's Anatomy*, *Prison Break*, *One tree hill*, ER... zo veel mogelijk eigenlijk.

Van achteropraken tot diagnose

In groep drie merkte ik zelf al dat anderen sneller gingen dan ik. Met leren lezen, maar ze konden ook de letters sneller en beter opschrijven en daar woorden mee vormen. Het viel anderen niet zo op dat er iets aan de hand was. Ik kreeg ook helemaal geen extra hulp. Ook niet in groep vier, toen mijn achterstand steeds meer opliep omdat ik natuurlijk al die tijd langzamer ging dan de meeste andere kinderen.

De school vond niet dat er wat aan de hand was, maar mijn ouders stuurden mij privé naar bijles omdat ik hele lage Citoscores had. Bij die bijlesjuffrouw moest ik balanceren op een balk, op een bal proberen te zitten en cirkels tekenen. Ook moest ik woordjes oefenen en ze leerde mij ezelsbrug-getjes, bijvoorbeeld voor het woord *terug*, dat moest ik dan denken als *te* en *rug* omdat je als je teruggaat je je rug naar iemand keert. Dus moest het met een *g* en niet met *ch*. De bijles was na schooltijd bij haar thuis. Zij had het idee dat je door die evenwichtsoefeningen een soort andere weg naar schrijven kon vinden met je hersens. Ik vond het heel leuk bij haar, zij was erg aardig, maar of het geholpen heeft? Ik weet het niet. Ik denk het wel een beetje. Ik kreeg een jaar lang of zo extra hulp, dus dat helpt in ieder geval wel tijdelijk. Ik denk dat ik daardoor over ben gegaan naar groep vijf. Maar in groep vijf ben ik vervolgens toch blijven zitten. Er werd nog steeds door niemand aan dyslexie gedacht.

Omdat ik te goed las, kwam ik niet in aanmerking voor rt op school of bij de begeleidingsdienst. Maar spelling is mijn grootste probleem en niet lezen. Alhoewel ik nu wel minstens drie keer zo langzaam lees als een gewoon persoon.

Mijn moeder heeft er in groep zes enorm achteraan gezeten dat ik getest werd, want ik bleef maar problemen houden en die konden niet verklaard worden uit mijn intelligentie of zo. Uiteindelijk 'mocht' ik dan toch naar het abc[12] voor een paar testjes. Zij hebben mij toen verwezen naar het iwal. Daar moest ik vet lange dictees maken. Zeventien zinnen, uitermate vervelend. En ik moest ook heel snel zo veel mogelijk woordjes lezen en een tekst. Het IWAL verklaarde mij dyslectisch. Laatst heb ik die verklaring eens doorgelezen en ik begreep er echt geen moer van. Ik schijn de meeste last te hebben van auditieve problemen, maar wat dat inhoudt, geen idee! Op het IWAL hebben ze wel verteld dat dyslexie komt door iets met je hersenhelften.

Reacties

Toen ik met die verklaring op school kwam, geloofden ze er naar mijn idee helemaal niets van. Ik zat bij een juf die allang besloten had dat ik toch vmbo ging doen. Dat heeft ze ook tegen mijn moeder gezegd. Mijn basisschool heeft mij totaal nooit geholpen, hoogstens een beetje op het laatst in groep acht. Na heel lang zeuren van mijn moeder ging de remedial teacher één keer per week met mij mijn IWAL-oefeningen doen. Mijn eigen juf zei altijd al dat ik toch geen dictees kon, dus dat ik die niet mee hoefde te doen. Dat vond ik trouwens wel prettig, maar ja, ik leerde helemaal niets meer op school wat spelling betreft. Zelf heb ik keihard gewerkt en uiteindelijk heeft die juf mij toch een vwo-advies moeten geven. Ik voelde mij in die tijd heel naar, ik dacht heel min over mijzelf omdat ik het toch allemaal niet kon. Je doet je best, het lukt niet en dan gaan ze ook nog eens zeggen dat je dom bent. Heel demotiverend allemaal. Ik had als ik wakker werd geen zin om naar school te gaan.

> **Tip van Eva**
> Heb doorzettingsvermogen. Blijf oefenen en proberen. En als het echt niet lukt, moet je om hulp vragen, dat is wat ik altijd doe.

Mijn opa en oma reageerden hetzelfde als mijn school. Dyslexie bestond in hun ogen niet: 'Het is gewoon domheid en luiheid. Die lastige Eva moet maar eens wat harder aan het werk.' Het was in die periode dat er net wat meer over dyslexie bekend werd en zij vonden het maar een modeverschijnsel. Mijn vader was heel boos op zijn ouders dat ze het niet wilden begrijpen. Inmiddels zijn ze wel bijgedraaid; laatst zei mijn oma zelfs dat ze het wel lastig voor mij vindt dat ik het ben.

Mijn andere oma was het tegenovergestelde. Elke dinsdag komt zij bij ons. In die tijd heeft zij mij veel gesteund. Ze ging zich heel erg in dyslexie verdiepen en hielp mij met mijn oefeningen.

Tip van Eva
Ouders moeten hun kind zo veel mogelijk helpen. Maar probeer niet te opdringerig te zijn. Mijn moeder kan soms heel vervelend zijn. Dan vraag ik hoe je een woord spelt en dan zegt ze dat niet even snel letter voor letter, maar ze gaat het in kleine stukjes zeggen. Daar gaat ze dan net zo lang mee door tot ik het goed schrijf. Terwijl ik er op zo'n moment meer aan heb als ze gewoon even snel zegt hoe je het spelt.

In de familie

Bij ons zit dyslexie totaal niet in de familie, geen van mijn ouders, grootouders, ooms, tantes of noem maar op hebben het. Maar gek genoeg in ons gezin wel drie van de vier kinderen.

Mijn oudere broer is ook dyslectisch, maar dat is nooit ontdekt op de basisschool. Hij is pas in de tweede van het gymnasium getest en dyslectisch bevonden. Hij had enorme problemen met het leren van woordjes. Daarbij heeft hij ook nog eens de combinatie van echt ontzettende luiheid én dyslexie. Ik ben heel trots op hem dat hij nu in de zesde van het gymnasium zit.

Mijn jongere zusje is ook dyslectisch. Zij heeft remedial teaching nodig, maar de school geeft het niet. Ze maken daar andere keuzes. Er is geen rt'er, maar wel een handarbeidjuf en een biebjuf. Mijn ouders betalen zich dus al jaren blauw aan bijlessen en het IWAL.

Naar de middelbare school

We hebben het Amsterdams Lyceum gekozen omdat dyslectische kinderen daar erg welkom zijn. Er is beleid. Er is een werkgroep dyslexie. Maar het werkt allemaal nauwelijks. Uiteindelijk gebeurt er niets en krijg je alleen extra tijd. En spellingfouten worden minder meegeteld. Een dyslectische vriendin van mij kreeg laatst extra tijd bij een PTA[13]. De surveillant ging voor haar tafeltje staan en tikte steeds heel irritant op haar tafeltje. Zij heeft op haar werk geschreven dat ze zich niet kon concentreren vanwege het gedrag van de surveillant en dat ze het in stilte af wilde maken. Toen mocht ze het van haar eigen leraar in de bibliotheek afmaken. Zo lekker loopt het dus allemaal niet bij ons.

Toen ik in de brugklas zat, ging ik naar een beurs in Utrecht met hulpmiddelen voor dyslexie. Er was een programma voor de computer. Je praat gewoon tegen de computer en dan typt de computer wat je zegt. Dragon heet dat. Ik heb dat niet, want ik kan goed typen en met de spellingcontrole omgaan. Daar zag ik ook de *reading pen*[14]. Die heb ik geïntroduceerd op school en toen heeft de school hem aangeschaft op voorwaarde dat ik er een spreekbeurt over zou houden. En nu mag ik hem dus niet gebruiken! Een paar keer wilde ik hem bij Engels gebruiken omdat Engels zo ontzettend moeilijk is qua klanken. En die juffrouw in de brugklas, zeg maar mevrouw Van H. te A., werd zo boos! En die heeft mij uitgescholden! Omdat ik de reading pen gebruikte, die nota bene door de school was betaald. Zij gaf mij sowieso altijd een vier, wat ik ook deed. Ik had geen respect van mijn Engelse juf. Ik maar uitleggen dat al die spellingfouten echt dankzij mijn dyslexie waren, maar zij wilde het gewoon niet begrijpen. In de derde had ik haar weer. Toen moest ik een spreekbeurt houden over D-day. Zij was compleet verbaasd over hoe goed ik Engels sprak, en gaf mij een acht met de woorden: 'Zie je wel dat je het kan ondanks dat je dyslexie hebt!' Zucht, zucht, daar had het dus niets mee te maken. Ze snapte er nog steeds niets van. Inmiddels mag de reading pen wel door andere dyslecten gebruikt worden. Heel irritant.

Mijn Franse juffrouw begreep het op een andere manier helemaal niet. Bij haar mocht ik altijd mijn boek erbij houden bij dictee en woordjes, dus leerde ik niets. En ze riep altijd met een heel sterk Frans accent: 'O, o, wat vreseliek, wat vreseliek voor jou! Ik ga jou helpen.' Mijn leraar Nederlands was de leider van de dyslexiewerkgroep, dus die begreep het allemaal wel en hield er ook rekening mee.

Last van dyslexie

Frans is voor mij echt een onbegrijpelijke taal. Dat kan ik gewoon echt niet leren. Met Duits had ik ook behoorlijk moeite. Gelukkig heb ik die talen allebei laten vallen inmiddels. Engels blijft voor mij ook heel heel moeilijk, de spelling tenminste.

Kaartlezen is voor mij een ramp geweest om te leren. Nu kan ik het een beetje, maar nog steeds draai ik hem de hele tijd rond.

Maar de meeste last heb ik bij het lezen van de krant. Zinnen zijn vaak erg lang en er staan veel moeilijke, lange woorden in. Ik kan absoluut niet omgaan met komma's. Tussenzinnen leiden mij af van wat ik aan het lezen ben, waardoor ik aan het eind niet meer weet wat er in het begin stond. Ik ben dan steeds de draad kwijt.

Gek genoeg kan ik wel goed noten lezen. Daarbij heb ik blijkbaar geen last van mijn dyslexie.

En weet je wat ik ook heel goed kan: van buiten zien hoe de dingen in elkaar zitten. Ik doorzie dat heel snel. Die handleidingen van Ikea, die iedereen altijd zo vreselijk vindt, die vind ik geweldig. Met plaatjes erbij en nummers; dan zet ik alles zo in elkaar.

De positieve kant

Mensen zijn vaak aardiger tegen mij omdat ze denken dat ik zielig ben. Nou ben ik niet zielig, maar het is toch fijn als mensen heel aardig zijn. Bij mijn PTA scheikunde had ik *hoeveelheid* geschreven in plaats van *concentratie*, toen ben ik naar die leraar gegaan en heb ik gezegd dat dat nou echt een dyslectisch iets was, en toen kreeg ik net een zesje.

Gek genoeg kan ik wel goed noten lezen.

En wat ook heel leuk was, was dat ik met de dyslectische wethouder Pauline Krikke mocht lunchen. Mijn vader werkte met haar en toen ze hoorde dat ik dyslectisch was, wilde ze met mij lunchen om te vertellen en te laten zien dat je heel veel kunt bereiken ondanks je dyslexie. Nu is ze zelfs burgemeester van Arnhem. Ik weet nog dat ik het vooral heel leuk vond dat ze voor mij een boterhammetje smeerde in het stadhuis; thuis moest ik dat altijd zelf doen.

Daisyspeler

Thuis hebben we twee daisyspelers[15], een van mij en een van mijn broer. Ik heb hem voornamelijk gebruikt om gewoon leesboeken te laten voorlezen, maar ook wel voor lappen aardrijkskundeteksten. Het vervelende eraan is dat de boeken enorm saai voorgelezen worden. En het gaat best langzaam dus als een tekst niet te lang is, kan ik hem beter zelf lezen. Het examen ga ik wel met de daisyspeler doen.

De beste hulp

Wat mij het meest heeft geholpen, is toch wel het IWAL. Ik ben er laatst weer teruggeweest voor een check-up test. Daar bleek dat ik toch nog behoorlijk achterloop. Dyslexie komt met een soort golfbeweging, het loopt op en af, je moet het echt bijhouden, net als dat je een kastje elke paar jaar weer moet schuren en opverven. Op de manier van het IWAL blijft het toch wel het langst hangen. Ze leren het op een heel speelse manier. Ze werken veel met letters en woorden op de computer. Ik vond het er heel leuk. Ik ging er onder schooltijd met mijn vader of moeder naartoe. Vaak gingen we dan ergens samen lunchen of gewoon lekker shoppen terwijl de anderen op school zaten. Zo werd het toch iets om naar uit te kijken. En ik merkte dat het hielp. Nu hebben ze een cursus tekstverklaring. Die heb ik vorig jaar gedaan. Je leert daar goed samenvatten en goed de vragen te lezen. Echt heel goed.

Ik heb wel medelijden met mijn ouders, want het IWAL is zó duur en dan drie dyslectische kinderen! Eerst het onderzoek, dan de verklaring en dan de behandelingen, de check-up tests en de cursus tekstverklaren. Vet belachelijk dat het niet vergoed wordt, kom op nou, het is een hersenaandoening hoor. Het zou echt vergoed moeten worden. Nu kunnen alleen mensen het voor hun kinderen betalen die best veel geld hebben. Heel erg vind ik dat.

Toekomst

Ik wil piloot worden. Maar eerst ga ik volgend jaar tien maanden in Amerika naar een *high school* om heel goed Engels te leren spreken. Dat wordt nog wat, ook alles in het Engels moeten lezen en schrijven! Maar het is voor mij de beste manier om echt goed Engels te leren.

Daarna wil ik de pilotenopleiding gaan doen. Of anders verpleegkunde. Het lijkt heel verschillend, maar het zijn allebei heel praktisch ingestelde beroepen. Daar houd ik van. Van mijn vader krijg ik voor mijn achttiende verjaardag volgende week een vliegles.

Ik denk niet dat ik als piloot veel last zal hebben van mijn dyslexie.

Ik zou ook wel arts willen worden maar die studie is denk ik nauwelijks te doen met dyslexie. Al die Latijnse woorden die je moet kennen... Ik denk niet dat ik als piloot veel last zal hebben van mijn dyslexie. Ook tijdens de studie zal het wel meevallen, je krijgt toch voornamelijk bètavakken als natuurkunde enz. Als verpleegkundige moet je wel veel schrijven, rapporten en verslagen en zo. In ieder beroep zal je toch wel last hebben van dyslexie, dat is nu eenmaal zo.

Het woord aan Malu

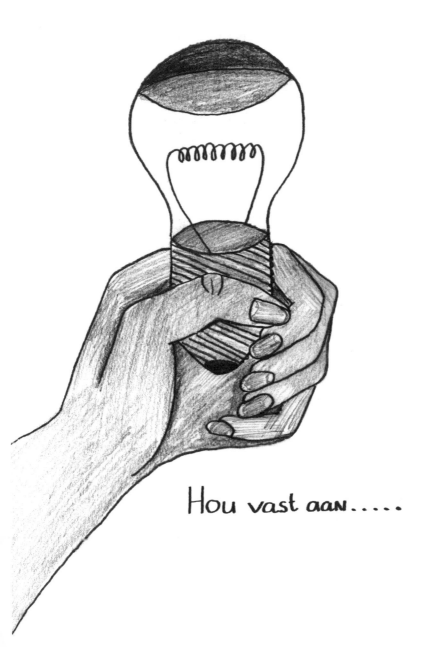

Hou vast aan.....

Even voorstellen

Ik heet Malu, ik ben negentien jaar en ik zit in zes vwo, *Natuur en gezondheid*. Dat houdt in: exacte vakken: natuurkunde, scheikunde, wiskunde, biologie. Daarnaast doe ik tekenen en filosofie. Dat zijn ook mijn hobby's. Ik zit al acht jaar op de middelbare school. Ik ben twee keer blijven zitten: een keer in de eerste en vorig jaar ben ik nét voor mijn eindexamen gezakt. Dit jaar moet ik dus voor de tweede keer eindexamen doen.

Van achteropraken tot diagnose

In de brugklas zijn ze erachtergekomen dat ik dyslectisch ben, maar al vanaf de dag dat ik ging leren lezen, ondervond ik grote problemen. Letters schrijven ging wel goed omdat dat heel dicht bij tekenen ligt. Ik vond het heel leuk om te doen; ik tekende eigenlijk meer de letters dan dat ik echt schreef. Maar al snel moest ik lettercombinaties maken en dat ging helemaal niet.

Lezen ging ook niet; vooral dat avi-lezen niet, want dan moest je het uitspreken en dat kon ik niet. Ik kon het best wel in mijn hoofd lezen, maar ik kreeg het mijn mond niet uit. Als ik moest voorlezen, klapte ik dicht. Ik wilde (en wil dat trouwens nog steeds) absoluut geen fouten maken. En die maakte ik natuurlijk juist heel veel. En snel ging het ook niet. Op school dacht mijn juf dat mijn moeder vreselijk streng was omdat ik per se geen fouten wilde maken. Een keer had ik met rekenen een fout gemaakt, het was de eerste keer dat dat gebeurde, toen heb ik midden in de klas echt vreselijk zitten huilen. Ik was zo overstuur dat de juf mijn ouders op het matje heeft geroepen om te vragen wat ze mij wel niet allemaal aandeden thuis.

Mijn moeder heeft die juf toen heel duidelijk gemaakt dat ik van haar best fouten mocht maken, maar dat ik het zelf niet wilde. Ik was altijd heel erg ambitieus en wilde overal de beste in zijn; was ontzettend gedreven. Ik heb dat nog steeds en heb het nooit als negatief ervaren. Ik zou het ook zeker geen faalangst willen noemen. Het heeft er niet mee te maken dat ik niet af wil gaan of zo; ik wil gewoon alles wat ik doe, heel erg goed doen. Ik heb van die houding veel plezier. Ik vind het ook echt heel leuk om te leren; gewoon omdat ik dan heel veel weet. Ik ben nieuwsgierig ingesteld, ambitieus van karakter. Des te irritanter was het dat ik het lezen maar niet goed onder de knie kreeg. Dat was voor mij zo frustrerend, daar heb je geen idee van.

Tip van Malu

Zorg ervoor dat de onderzoeken echt heel goed zijn zodat alleen echt dyslectische leerlingen een verklaring krijgen. Als kinderen die gewoon slecht taalonderwijs op de basisschool hebben gehad of die niet gemotiveerd voor school zijn, ook aan een verklaring kunnen komen, werkt dat ten nadele van de echte dyslecten. De overheid zal dan bijvoorbeeld minder snel de behandeling of de hulpmiddelen gaan vergoeden.

Eerst ben ik toen naar een logopediste gestuurd, die mij de woorden, letters en klanken met kleurenblokjes liet namaken. Daar ben ik ellenlang mee bezig geweest. Het hielp geloof ik wel, want ik ben toen op een gegeven moment wel op niveau

9 gekomen. Dat was het hoogste dat je kon halen. Het huiswerk voor die logopedie deed ik elke dag heel erg goed en precies. Ik wilde zo graag leren lezen. En ik vond het ook helemaal niet vervelend om te doen. Ik ging er na schooltijd naartoe en dan kreeg je woordenlijsten mee met woorden waarvan je sommige letters met markers moest kleuren. Dat deed ik dus heel braaf. Ook moest ik woorden met blokjes bouwen.

Vanaf het moment dat de hulp bij logopedie afgelopen was, is mijn leesprobleem op de basisschool eigenlijk nooit meer opgevallen. Er is toen nooit aan dyslexie gedacht, ze dachten gewoon dat ik moeite had met leren lezen. Ze dachten dat het kwam door een concentratieprobleem en dat die blokjesmethode mij had geleerd om beter te focussen. Eerst liet ik woorden weg of las ik gewoon hele andere woorden. Door die blokjes werd ik gedwongen de woorden in klanken te analyseren en die klanken een voor een uit te spreken. Ik kreeg toen ik avi-9 had, geen extra hulp meer. Pas veel later bleek dat het niet te maken had met mijn concentratievermogen. Ik werkte in die tijd gewoon zo hard dat niet opviel dat het bij mij allemaal niet zo makkelijk ging. Er heeft dus tijdens mijn basisschooltijd nooit iemand aan dyslexie gedacht. Ik werkte altijd zo hard, deed mijn huiswerk altijd heel goed en was altijd de beste. Daardoor viel het niet op. Ook viel niet op dat het schrijven van woorden nooit vanzelf ging. Bij ieder woord dat ik schreef, moest ik heel hard nadenken. Nog steeds moet ik in elke taal heel hard over de spelling nadenken tijdens het schrijven. Ik schrijf altijd via uitspreken. In mijn hoofd spreek ik het, zeg maar, hardop uit, dan luister ik daarnaar en dan schrijf ik het op. Met werkwoordspelling heb ik minder problemen. Waarschijnlijk omdat die regels veel meer gestructureerd zijn. Dat geeft je meer houvast. Die regels van dat kofschip en zo, die kon je gewoon leren en toepassen. Ook bij de vreemde talen had ik minder problemen met de grammatica dan met de spelling van moeilijke woorden. Ik ben eigenlijk heel taalgevoelig. Ik leer ook heel makkelijk vreemde talen spreken.

De problemen komen ook bij het verkeerd lezen van woorden. Soms lees ik heel iets anders dan wat er staat. De *b* en de *p* haal ik nog steeds door elkaar.

Mijn moeder noemde mij altijd een *alientje*; ze begreep totaal niet waarom ik schoolwerk zo leuk vond. Zelf had ze altijd een hekel aan school gehad en mijn vader had er alleen maar problemen. Veel later is gebleken dat hij zelf ook heel dyslectisch is. Hij is fotograaf en kunstenaar geworden. Daarnaast werkt hij als postsorteerder. Hij hoeft nu nooit meer te schrijven en dat doet hij dus ook echt nooit! Hij omzeilt altijd dat probleem.

In groep zes kreeg ik een meester die heel weinig aandacht aan schoolwerk besteedde. Dat vond ik vervelend, want ik wilde echt altijd heel veel leren. Mijn moeder heeft mij toen naar een andere school gestuurd. Maar dat was vreselijk. Op mijn oude basisschool had ik wel vriendinnetjes. Op mijn nieuwe school werd niet geaccepteerd dat ik hard wilde leren en een beetje anders was dan de anderen. Daar ben ik vervolgens heel erg gepest, wat ertoe heeft geleid dat ik mij nog meer ben gaan toeleggen op schoolwerk. Ik wilde niets met de kinderen uit de klas te maken hebben, die vond ik alleen maar stom. Ik heb mij in die periode teruggetrokken in mijn tekeningen en boekjes. Ook met de leerkrachten ging het niet lekker daar. Ze wilden mijn ouders er erg van overtuigen dat ik dom was en gaven mij mavo-advies. Mijn ouders wilden daar niet aan.

Ik wist al dat ik graag naar het Vossius Gymnasium wilde. Maar ik zat met dat mavo-advies toen ik mij ging aanmelden. Ze wilden mij natuurlijk eerst niet aannemen. Ik moest eerst maar met mijn Cito bewijzen dat ik het aan zou kunnen.

Vlak voor de Cito ben ik zo in elkaar geslagen door mijn klasgenoten dat ik een hersenschudding had. Ik wilde per se toch de Citotoets doen om te bewijzen dat ik goed kon scoren. Ik wilde absoluut niet naar de mavo en wel naar het vwo. Ik dacht dat ik anders weer met van die pestkinderen in de klas zou komen. Die Citotoets heb ik met hersenschudding en al, met steeds tien minuten rust tussendoor, toch zo goed gemaakt dat ik bijna gymnasiumscore had. Daar was ik zo trots op, dat kan ik niet beschrijven. Voor het Vossius moest je 545 hebben, ik had, met hersenschudding, 544. Toen mocht ik toch komen.

Ik werkte in die tijd gewoon zo hard dat niet opviel dat het mij allemaal niet zo makkelijk ging.

In de eerste van het Vossius kreeg ik Latijn, Frans, Engels, Nederlands en aan het einde werd ook begonnen met Grieks en Duits. Met Frans en Engels redde ik het nog wel, omdat ik kon compenseren met het spreken. Maar met Latijn moest ik voornamelijk woordjes uit mijn hoofd leren en daar begonnen de problemen.

Grieks was pas echt een drama. Ik had honderdduizend ezelsbruggetjes om van alles te onthouden. In ezelsbruggetjes bedenken was ik heel goed. Daardoor heb ik nog een hele tijd kunnen verbergen dat het eigenlijk helemaal niet goed ging. Op een gegeven moment moet je toegeven dat je hoofd helemaal vol zit met die ezelsbruggetjes en dat er gewoon niets meer bij kan. Ik besteedde in die tijd elke dag zeker wel twee uur aan mijn huiswerk, vaak wel meer tijd zelfs.

Met Grieks moest ik ook nog eens een heel nieuw alfabet leren, dat ging dus niet. Ik schreef elke tekst eerst over in Nederlandse letters en vanuit die tekst in de Nederlandse letters die ik kende, ging ik die tekst dan vertalen. Dat kostte zoveel tijd. Terwijl de andere kinderen het Grieks vrij snel uit konden spreken, zat ik eindeloos te ploeteren met dat alfabet naast mijn tekst. En die lettertjes maar opzoeken en overschrijven! Het bleef een tovertaal voor mij. In het begin redde ik het zo nog wel, want de tekstjes waren kort en bestonden ook uit korte zinnen. Maar toen de teksten langer werden, was deze manier van werken niet meer vol te houden. Dit werd mijn grootste struikelblok. Want voor de andere talen moest ik natuurlijk ook steeds veel woorden leren. Woorden opzoeken in een woordenboek heb ik mijzelf wel geleerd. Ik zing bij elke letter die ik moet hebben, heel snel, echt héél snel het alfabet in mijn hoofd. Ik zing het ook echt met dat melodietje van de basisschool. Dat kan ik dus echt supersnel, maar het is ook weer best vermoeiend. Zoals andere mensen dat doen: meteen bij ongeveer de goede letter het boek openslaan, dat zal mij nooit lukken.

Alles bij elkaar was het dus veel te veel. Mijn cijfers vlogen opeens naar beneden, voor alle vakken zelfs. Ik was heel erg teleurgesteld, want ik wilde het zo graag goed doen en op het gymnasium blijven. Want sociaal gezien had ik eindelijk wel mijn plek gevonden. Een verademing na die periode van gepest worden. Ik had het er ontzettend naar mijn zin en wilde er dus niet weg. Toen in een gesprek gezegd werd dat het niet ging, was ik heel erg overstuur. Ik was nog steeds ambitieus ook natuurlijk. Ik wilde geen fouten maken. Je voelt je steeds machtelozer. In dat gesprek werd tegen mijn moeder gezegd dat ik een te kleine woordenschat had. Dat heeft mijn moeder doen besluiten mij op dyslexie te laten testen. Want ik had echt geen kleine woordenschat, dat was er niet aan de hand. Mijn moeder heeft Nederlands aan de leraren-opleiding gestudeerd en zij heeft al vanaf dat ik, zeg maar, kan spreken, iets heel leuks gedaan. 's Ochtends sloegen we een kinderwoordenboek open en dan kozen we een woord. Dat woord moest ik dan die dag zo veel mogelijk gebruiken. Dat hebben we echt jaren gedaan, dus toen ze tegen mijn moeder zeiden dat ik niet genoeg woordenschat had, wist ze dat er iets anders moest zijn. Maar ja, ze vonden mij op het Vossius niet intelligent genoeg, omdat ik de stof niet snel genoeg oppikte.

In eerste instantie zijn we toen teruggegaan naar diezelfde logopediste voor advies. Zij zei dat ik dan toch maar getest moest worden op dyslexie. Dat was natuurlijk heel erg duur, maar ja, als dat de oplossing kon brengen, moest dat toch maar. Voor die test ben ik drie dagen naar zo'n instituut geweest. Ik moest een intelligentietest en een dyslexietest doen. Het waren allemaal oefeningetjes met blokjes en figuurtjes en zo. Ook moest ik heel snel een tekst lezen waarbij de tester dan heel driftig op een papier zat te krabbelen. En ze lazen steeds een paar woorden die heel erg op elkaar leken, en

dan moest ik aankruisen wat ik hoorde. Maar ik hoorde nauwelijks verschil, hoorde steeds dezelfde woorden, heel gek.
Ik vond het hele leuke middagen. Ik deed heel erg mijn best.
Ik wist niet welke gedeeltes mijn intelligentie en welke mijn
dyslexie testten, en ik wilde het natuurlijk heel goed doen
om te laten zien dat ik slim genoeg voor het Vossius was.
Vervolgens kwam er natuurlijk uit dat ik slim genoeg was voor
het gymnasium. Maar ja, er kwam ook uit dat ik dyslectisch
ben. Ik mocht toen toch op het Vossius blijven. Maar ik bleef
wel zitten in de eerste. Het jaar daarop ging ik met goede
cijfers over naar de tweede. Ik volgde dat jaar een training bij
dat dyslexie-instituut en de stof op school had ik al een keer
gehad. Daarom ging het wel goed toen.

**et Grieks moest ik ook nog eens een heel nieuw alfabet leren,
at ging dus niet.**

Ze hebben mij verteld dat dyslexie inhoudt dat de informatie
die je leest of schrijft, niet rechtstreeks maar via een omweg,
via allerlei kronkelweggetjes, van de ene kant van je herse-
nen naar de andere kant gaat. Daardoor duurt dat proces
veel langer dan bij anderen. Omdat ik het toch heel snel wil,
lees ik vaak totaal andere woorden dan er staan. Ik kan bijvoorbeeld een heel verhaal over een arbeider lezen en dan
het hele verhaal lang denken dat het over een Arabier gaat.
Mijn ogen flitsen over de zinnen en dan maak ik er zelf een
zin van, woorden en woordvolgorde verander ik naar harten-
lust, ik verzin mijn eigen verhaal.
   Die man die die dyslexietest bij mij deed, vertelde dat ik
enorm taalgevoelig was en een zeer grote woordenschat had.

Hij zei zelfs dat ik, als ik niet dyslectisch was geweest, ik vast linguïst geworden zou zijn. Hij was erg onder de indruk.

Toen ons verteld werd dat dyslexie erfelijk is, en we thuis spraken over wat je meemaakt en voelt als je dyslectisch bent, wist mijn vader honderd procent zeker dat hij ook dyslectisch is. Hij heeft in eerste instantie alleen mavo gedaan en is pas als volwassene fotovakschool gaan doen.

Bij televisiekijken las ik nooit de ondertiteling. Ik keek en luisterde gewoon heel goed en maakte dan mijn eigen verhaal. Ik wilde heel graag Engels leren omdat mijn ouders altijd ruzie maakten in het Engels en ik natuurlijk wilde weten wat ze allemaal zeiden. Ik leerde zo snel Engels begrijpen dat ze op het Duits overgingen... Tegenwoordig gebruik ik de ondertiteling alleen in de hoop dat daardoor mijn Engelse spelling verbetert; dan zet ik bij de BBC de Engelse ondertiteling aan.

Tip van Malu

Kies voor een middelbare school waar ruimte is om jezelf te zijn. Waar aandacht is voor je sterke kanten. Zorg ervoor dat je altijd je werk af hebt, dan is het makkelijker om je rechten te vragen.

In de tweede van het Vossius liep ik toch weer gigantisch tegen Grieks aan. Ik kon het opnieuw echt niet leren, het niveau werd natuurlijk snel hoger. Al na drie maanden bleek dat ik het niet zou gaan redden. Ik moest eraf en ik vond dat zo erg! Toen wilde ik naar het Montessori Lyceum, maar daar was geen plek. Ik ben uiteindelijk op het Cartesiuslyceum terechtgekomen, een vreselijke rotschool voor mij, echt. Absoluut

geen ruimte voor dyslexie en het individu, het was dramatisch, zonder overdrijven, echt dramatisch gewoon. Het was
zo schools als op mijn basisschool en net als daar werd er
weer niet geaccepteerd dat je ergens heel goed in wil zijn.
Maar door je dyslexie ben je dat nooit, nou ja, je bent het wel;
je weet: ik ben de beste, ik snap het beter dan de anderen.
Maar niemand ziet het of wil het zien. Dat is zo frustrerend;
de antwoorden weten, maar ze niet adequaat op papier kunnen krijgen. Er werd daar niets mondeling getoetst. Dan had
ik kunnen bewijzen dat ik het goed geleerd had en een hoog
cijfer verdiende. Dus werd ik weer gezien als een mavoleer-
ling op het vwo. Het is zo erg om te weten dat je slim bent,
maar dat niemand op school dat wil zien. Ik denk dat heel
veel dyslectische leerlingen uiteindelijk op een te laag niveau
komen. Maar ik ben zo koppig; ik weigerde onder mijn niveau
te gaan. Ik bleef keihard werken en vechten, maar ik vond
die school zo verschrikkelijk dat ik veel spijbelde en alleen
toetsen kwam maken. Ik haalde de tweede wel, maar moest
naar een andere school, de situatie was onhoudbaar.

Mijn moeder heeft toen contact opgenomen met het
Vossius Gymnasium en die boden mij iets ongelooflijks aan:
ik mocht terug en bij hen atheneum doen! Als enige ooit:
Vossius zonder klassieke talen. Stom genoeg heb ik dat ge-
weldige aanbod toen afgewezen; ik had er zo ongelooflijk
genoeg van om de uitzondering te zijn.

Gelukkig had het Montessori toen wel plaats en kon ik
daar in de derde naartoe. En hier zit ik nu dus nog steeds.
Het Montessori heeft als motto *Ruimte voor verschillen*, dat
maken ze maar gedeeltelijk waar; ze bieden de individuele
leerling ruimte, maar het blijft een school waar je moet pas-

sen in hun systeem en waar je op moet komen voor je rechten. Ik kreeg de gewone faciliteiten als groter lettertype en
meer tijd, maar vooral kreeg ik Chaia, de dyslexiedeskundige
hier. Ik ben naar haar toe gegaan en zij heeft mij geholpen
met datgene waar ik eigenlijk het meeste moeite mee heb
als dyslect: het halen van de juiste vraag uit de vraag. Bij
natuurkunde en wiskunde bijvoorbeeld: ik snap al die formu-
les en wat je ermee moet doen, maar als ik een heel verhaal
moet lezen, is het moeilijk voor mij te bedenken wat er nou
precies van mij verwacht wordt. Daar heeft Chaia mij mee
geholpen.

Hier moet je blokken van zes weken plannen. In die tijd
moet je een bepaalde hoeveelheid werk af hebben. Mensen
denken vaak dat dat voor dyslecten moeilijk is, maar het is
niet moeilijker dan voor andere kinderen die in de brugklas
komen. Iedereen moet goed leren plannen. En voor mij is
het juist altijd heel lekker geweest om zelf mijn werk te kunnen plannen. Als je dan een keer echt geen zin hebt in het
leren van een taal, kun je toch aan je huiswerk. Dan ga je
gewoon wiskunde doen of tekenen. Op een ander moment
heb je weer wat minder geen zin in die taal en ga je daar dan
aan werken.

En toch denk ik dat ook het Montessori niet het beste uit
leerlingen haalt. Dat heeft te maken met het feit dat scholen
allemaal naar opgelegde eindtermen toe moeten werken.
Dat zijn niet altijd de hoogst haalbare doelen voor kinderen.
Toen ik als dyslect in de derde een profiel moest kiezen, koos
ik natuurlijk geen profiel met veel talen. Maar die exacte vakken vind ik eigenlijk niets en daar ben ik nu al jaren mee bezig
terwijl ik mij liever met cultuur en politiek bezighoud. Door

mijn dyslexie kwam ik in een profiel terecht waarvan al jaren duidelijk is dat mijn interesse en talenten daar niet liggen. Had ik maar *Economie en maatschappij* gekozen, want uiteindelijk is gebleken dat ik hier ondanks mijn dyslexie goede cijfers voor de talen kan halen en dat juist die exacte vakken moeilijk voor mij zijn omdat ik de precieze vraag niet uit de opdracht kan halen.

Tip van Malu
Tegen leraren, ook van exacte vakken, wil ik zeggen dat ze het kennisniveau van een dyslect moeten zien te achterhalen. Vind – desnoods mondeling – uit of de leerling de stof beheerst, zo ja, beloon dat dan met een voldoende. De mogelijkheid om mondeling toetsen te doen is misschien wel het beste dat je dyslecten aan kunt bieden.

Vindingrijk en creatief

Door steeds te merken hoeveel je toch kunt bereiken, weet je dat je niet moet opgeven als je iets graag wilt. Ik ben heel creatief geworden doordat ik altijd nieuwe oplossingen heb moeten zoeken om weer een nieuw schoolprobleem op te lossen. Dyslexie maakt je op alle gebieden heel vindingrijk. Ook op sociaal gebied bijvoorbeeld pak je alles veel sneller op, je kunt je ook heel goed inleven in allerlei verschillende situaties. Voor je creativiteit is dyslexie een enorm pluspunt en ik denk ook dat er nog lang niet allemaal ontdekt is wat dyslexie voor positieve invloed op iemands leven en functioneren heeft.

Het is maar toevallig dat niet-dyslectisch de norm is. Als dyslectisch de norm zou zijn, zou de wereld er heel anders uitzien. Er zou meer gekeken worden naar de mogelijkheden van leerlingen en minder naar de beperkingen. Want dat is wat er nu in het onderwijs gaande is; er wordt gekeken naar wat je niet kan, en dat wordt je vervolgens geleerd. In die andere wereld zou gekeken worden naar waar je goed in bent of aanleg voor hebt, en dat zou uitgebouwd worden.

De laatste tijd ben ik anders over dyslexie gaan denken. Ik denk nu: ik doe en kan het ánders, misschien zelfs wel beter, in ieder geval niet minder goed dan anderen. Ook al wil het schoolsysteem je dat laten denken door alles in voldoendes en onvoldoendes, in slagen en niet-slagen uit te drukken.

Het is maar toevallig dat niet-dyslectisch de norm is. Als dyslectisch de norm zou zijn, zou de wereld er heel anders uitzi

De laatste tijd accepteer ik heel sterk dat ik dyslectisch ben, en weiger ik dyslexie nog een handicap te vinden. In deze maatschappij is dat heel lastig: je moet naar school, je wordt afgerekend op prestaties die voornamelijk op lees- en schrijfvaardigheden gebaseerd zijn. Maar je verplicht iemand zonder benen toch ook niet mee te doen aan een hardloopwedstrijd? Voor mij is mijn schooltijd dus een tijd die ik uit moet zingen tot het moment dat ik eindelijk kan gaan doen waar ik goed in ben. Volgend jaar ga ik politicologie studeren met als bijvak filosofie.

Ook daar zal ik, net als hier, op mijn strepen gaan staan om de faciliteiten te krijgen die ik nodig heb en waar ik recht op heb. Hier heb ik ook vaak moeten vragen om een groter lettertype bij toetsen. Dat is het enige waar ik iets aan heb, aan extra tijd heb ik persoonlijk niets. Inmiddels is het wel zo dat mijn docenten gewoon alle toetsen in lettertype 14 maken; andere leerlingen hebben er geen last van en voor mij is het perfect.

Ook heb ik het initiatief genomen om een eindexamentraining te organiseren, gericht op het goed lezen en oefenen van vragen en vraagstelling. De dyslexiecoach hier in de school gaf haar medewerking en vond het een goed idee. Maar helaas wilde er niemand aan meedoen omdat het buiten schooltijd was. Maar als dyslect moet je nu eenmaal meer tijd in schoolwerk steken dan een ander. En als je zo'n aanbod afslaat, moet je vervolgens niet lopen zeuren om meer tijd en grotere lettertypes.

Later wil ik iets gaan doen met internationale betrekkingen. Ik verwacht niet dat mijn dyslexie daarbij een probleem zal zijn. Ik spreek mijn talen goed. Ik kan als het nodig is, een tolk inhuren. Ik ben begonnen met spraak-naar-tekst-software. Dragon heet dat. Nu is het nog heel lastig om mee te werken: je moet heel vaak allerlei tekst inspreken omdat het programma aan jouw stem moet wennen, maar dit soort software wordt steeds beter. Ik verwacht dat ik het heel veel zal gaan gebruiken tijdens mijn studie en later in mijn werk. Hoe dan ook, ik laat mij niet beperken door mijn dyslexie. Integendeel: ik koester de positieve aspecten die mijn dyslexie mij gebracht heeft en nog zal brengen.

Praktische informatie rond dyslexie

Dyslexie is een specifieke lees- en spellingstoornis [sic] met een neurobiologische basis, die wordt veroorzaakt door cognitieve verwerkingsstoornissen op het raakvlak van fonologische enorthografische taalverwerking. Deze specifieke taalverwerkingsproblemen wijken proportioneel af van het overige cognitieve, en m.n. taalverwerkingsprofiel en leiden tot een ernstig probleem met lezen en spellen van woorden ondanks regelmatig onderwijs. Dit specifieke lees- en spellingprobleem [sic] beperkt in ernstige mate een normale ontwikkeling, die op grond van de overige cognitieve vaardigheden geïndiceerd zou zijn (Blomert, 2006).

Hoe kom ik aan betrouwbare informatie over dyslexie?

Op internet zijn vele websites te vinden met informatie over dyslexie. Bij het zoeken naar informatie is het belangrijk goed de bron in het oog te houden. Er zijn namelijk ook sites die bijvoorbeeld beweren therapieën te bieden om van dyslexie af te komen. Dit kan voor zowel kinderen als ouders een hoop frustratie opleveren. Het is het veiligst om te surfen via de links die op de gerenommeerde sites aangeraden worden.

Een prima uitgangspunt voor het zoeken naar informatie over dyslexie is de site van de oudervereniging Balans (www.balansdigitaal.nl). Balans is een landelijke vereniging voor ouders van kinderen met leer-, ontwikkelings- en gedragsstoornissen waaronder dyslexie. Zij informeren en ondersteunen ouders, bevorderen onderling contact en behartigen de belangen van ouders en kind. BalansKids is dé website voor kinderen en jongeren die meer willen weten over dyslexie. Je vindt hier nieuws, oproepen en leuke en interessante links: kids.balansdigitaal.nl (let op: zonder www ervoor). In België heet de oudervereniging Sprankel en hun site is te bereiken via www.sprankel.be.

Een onderdeel van Balans is het Steunpunt Dyslexie. Dit steunpunt is ontwikkeld in opdracht van het ministerie van oc&w, in het kader van het Masterplan Dyslexie. Het steunpunt heeft een eigen site, www.steunpuntdyslexie.nl, maar is ook aan te klikken op de site van Balans. Op de site is onder andere actuele informatie te vinden over vergoedingen.

Ook het Masterplan Dyslexie heeft weer een eigen site: www.masterplandyslexie.nl. Het Masterplan Dyslexie streeft naar een systematische en geïntegreerde aanpak van dyslexie in het onderwijs. Het Masterplan organiseert conferenties en is de uitgever en ontwikkelaar van de uiterst belangrijke Protocollen Leesproblemen en Dyslexie. Deze protocollen geven concrete handvatten voor beleid op het gebied van signalering en diagnose, begeleiding en behandeling, compenserende faciliteiten en het inzetten van computerhulpmiddelen. Elke school in Nederland heeft de protocollen (lijvige boeken) toegestuurd gekregen. Als ouder kun je daar op de school van je kind dus best naar vragen. Er zijn protocollen ontwikkeld voor groep 1-4, 5-8, speciaal basis-onderwijs, voortgezet onderwijs en mbo en recentelijk zelfs hoger onderwijs. Naast de vele schriftelijke publicaties heeft het Masterplan ook dvd's uitgegeven met informatie over dyslexie voor leerkrachten en ouders.

Op de website van *Het Klokhuis* staat een prachtig stuk over dyslexie. Ga naar www.hetklokhuis.nl, zoek op dossiers en klik dan dyslexie aan. Ook leuke informatie voor als je een spreekbeurt of werkstuk over dyslexie wilt maken. Bij de verschillende onderdelen zijn grappige en informatieve filmpjes te bekijken. Bijvoorbeeld een filmpje van een dyslectische koningin die met een lakei het voorlezen van de troontrede aan het oefenen is.

Tot slot wil ik hier de site van de Stichting Dyslexie Nederland noemen: www.stichtingdyslexienederland.nl. Het doel van deze stichting is het bevorderen van kennisoverdracht van wetenschap naar praktijk, met name het bevorderen van diagnostiek en behandeling van dyslexie op een wetenschappelijk verantwoorde wijze. Op deze site is een voorbeeld van een deugdelijke dyslexieverklaring te vinden. Op belangrijke en veelgestelde vragen als 'Hoelang is de dyslexieverklaring geldig?', 'Wie mag de diagnose stellen?' en 'Waar heeft een leerling met een verklaring recht op?' zijn op deze site antwoorden te vinden. Ook kan de brochure *Diagnose van dyslexie* gedownload worden. In deze brochure komt aan de orde hoe en wanneer de diagnose dyslexie gesteld kan worden.

Natuurlijk kun je niet alles op internet vinden. Wie echt meer wil weten over dyslexie zelf, kan het best een boek lezen.

Hieronder enkele titels:

Kinderen met dyslexie. Een gids voor ouders. Tom Braams. ISBN 9789053523391.

Dyslectische kinderen leren lezen. Anneke Smits en Tom Braams. ISBN 9789053528068.

Dyslexie, een complex probleem. Tom Braams. ISBN 978905352719.

Begeleiding van kinderen met dyslexie in het basisonderwijs. Jos Avontuur. ISBN 9789024414390.

Omgaan met dyslexie. Sociale en emotionele aspecten. J.H. Loonstra en F. Schalkwijk (red.). ISBN 9789053509081.

Ruimte voor dyslexie. Léon Biezeman. ISBN 9789060207659.

Leesproblemen en dyslexie. Beschrijving, verklaring en aanpak. Aryan van der Leij. ISBN 9789056375362.

Hoe kan ik een dyslectisch kind in mijn klas het best ondersteunen?

Een dyslectisch kind in je klas hebben – en welke leerkracht heeft dat nooit? – betekent dat je je grondig moet informeren. Het kind heeft je steun nodig, maar alleen aardig zijn is niet genoeg: je leerling verdient het ook om professioneel tegemoet getreden te worden. Uiterst belangrijk is het om, meer nog dan bij ieder ander kind, het dyslectische kind te complimenteren en het te laten merken én voelen dat je óók ziet wat wel goed gaat. Realiseer je wat een in jouw oren onschuldige opmerking met een dyslectisch kind kan doen en probeer je eens echt in te denken wat de diepgaande invloed van dyslexie op het zelfbeeld – en daaraan gekoppeld de hele schooltijd – van een kind is.

Op elke school (primair of voortgezet onderwijs) zijn de protocollen aanwezig. Hierin staat niet alleen wat je als school zou moeten doen voor een dyslectisch kind op het niveau van vergrotingen, meer tijd, mondeling toetsen of de eindtoets van Cito met koptelefoon. Hierin staan juist ook heel praktische handreikingen voor het opstellen van een handelingsplan en het uitvoeren van de begeleiding. Lees de protocollen en handel ernaar! Neem zorgen van ouders en signalen van kinderen serieus; dan draag je echt iets bij aan het welbevinden van je dyslectische leerling.

Hoe vind ik een goede begeleider buiten de school?

In de fase van het signaleren van eventuele dyslexie mag je echt veel van (basis)scholen verwachten. Het stellen van de diagnose dyslexie en de begeleiding van dyslecten zijn echter specialistische terreinen waarvan we helaas – anno 2008 – niet kunnen verwachten dat deze expertise standaard binnen scholen aanwezig is. Na de diagnose dyslexie is het dus vaak zaak te zorgen dat je leerling of kind door een specialist begeleid gaat worden. Maar hoe en waar vind je een betrouwbare externe specialist?

Een belangrijker vraag is misschien nog wel: waar moet ik op letten bij het kiezen van een begeleider? Omdat zowel de ouder als het kind in een kwetsbare situatie verkeert, is het uiterst belangrijk dat beiden een goed gevoel hebben bij de persoon. De kinderen hebben vaak al veel faalervaringen achter de rug; het is dus zaak dat de begeleider echt lief en invoelend is, zodat het kind met plezier gemotiveerd naar de sessies zal gaan. Dit is een voorwaarde om te kunnen leren. Als ouder moet je je kind vol vertrouwen bij de begeleider kunnen achterlaten; natuurlijk voor jezelf, maar ook omdat je eventuele ambivalente gevoelens onvermijdelijk uitstraalt naar je kind. Naast deze sociaal-emotionele aspecten is het vanzelfsprekend dat de begeleider geschoold moet zijn op het gebied van leerproblemen. Minstens een afgestudeerde remedial teacher die zichzelf regelmatig bijschoolt. Liefst een dyslexiespecialist.

Het remediëren van kinderen die op de basisschool zitten, dient bij voorkeur onder schooltijd te gebeuren. Van deze jonge kinderen kun je om een uur of vier, half vijf, na een vermoeiende schooldag, niet meer verwachten dat ze de concentratie en motivatie op kunnen brengen om te werken aan iets dat ze toch al moeilijk vinden en dat hun dus veel energie kost. Tot slot wil ik hier benadrukken dat het belangrijk is dat de begeleider openstaat voor overleg met de groepsleerkracht (op de basisschool) of docenten/mentor (in het voortgezet onderwijs). Vraag, voordat je voor een instituut of begeleider kiest, gerust om referenties.

Op de site van de Nederlandse Vereniging van Pedagogen en Onderwijskundigen, www.nvo.nl, staat een lijst met dyslexiespecialisten. Op de site van de Landelijke Beroepsvereniging Remedial Teachers, www.lbrt.nl, is een lijst te vinden met geregistreerde remedial teachers. Echter, lang niet alle rt'ers zijn geregistreerd lid. Velen zijn gewoon lid en dus niet op deze site te vinden. Ook veel dyslexiespecialisten zijn lid van de LBRT. Op de site www.remedialteaching.startpagina.nl staan veel advertenties van rt-praktijken. Ook is het mogelijk via opleidingen (bijvoorbeeld de opleiding Dys-

lexiespecialist van Hogeschool Fontys) aan namen van be-
vlogen professionals te komen.

Wat kan ik thuis doen om mijn kind te helpen?

Voordat ik hier allerlei mogelijkheden tot oefenen noem, wil
ik benadrukken dat je je als ouder moet realiseren hoe vermoeiend oefenen voor dyslectische kinderen kan zijn. Niets
gaat vanzelf, overal moeten ze hard bij nadenken, alles kost
energie. Kijk dus goed naar de mogelijkheden van je kind en
leg niet te veel druk op ze. Complimenteer veelvuldig en zorg
voor succeservaringen door de lat niet te hoog te leggen.
Kijk en benoem ook wat goed gaat in plaats van uit te gaan
van wat (nog) niet goed gaat. Als je van tien woorden er vijf
verkeerd spelt, heb je er immers ook vijf goed gespeld! Thuis
oefenen hoeft trouwens zeker niet altijd als oefenen ervaren
te worden.

Om het snel uit het geheugen oproepen van (talige) informatie te stimuleren kunnen er allerlei spelletjes gespeeld
worden. Pim pam pet bijvoorbeeld. Of rijmwoorden zoeken.
Ook een leuke is het maken van een woordenslang waarbij
de laatste letter van een woord de eerste letter van het volgende woord moet zijn. Dit kun je eventueel beperken tot een
bepaalde categorie, bijvoorbeeld dieren: muis, slak, konijn
enzovoort. Een ander spel is het bedenken van zo veel mogelijk woorden beginnend met een bepaalde letter (spel,
school, speeltuin, slang...) of behorend tot een bepaalde categorie (pizza, salade, brood, ijs, patat...) om de beurt en net
zo lang tot niemand meer iets kan bedenken.

Zorg er bij deze spelletjes wel voor dat het dyslectische

kind niet altijd verliest; dan is de lol er toch snel af. Leuker is te onthouden hoeveel 'we er met zijn allen hebben verzonnen'; dan kun je de volgende keer proberen het gezinsrecord te verbeteren. Prijs iedereen die meedoet, en zorg ervoor dat de dyslect ook aan bod komt.

Om het geheugen te trainen is memory aan te raden of het lekker ouderwetse spel 'Ik ga op reis en ik neem mee in mijn koffertje...' Tegenwoordig hoef je je niet meer tot op reis gaan te beperken; allerlei varianten zijn mogelijk: 'Ik ga naar de dierentuin en ik zie...' is een leuke variant. Het gaat zo: de eerste die aan de beurt is, zegt: 'Ik ga naar de dierentuin en ik zie een aap', de volgende zegt: 'Ik ga naar de dierentuin en ik zie een aap en een tijger.' De volgende herhaalt dit en voegt weer een dier toe. Enzovoort. Iemand die iets overslaat of het niet meer weet, valt af. De winnaar is degene die het het langste volhoudt. Zonder winnaar kan het ook op de hierboven beschreven manier gespeeld worden. Een aantal van bovengenoemde spelletjes kan ook prima tijdens een autorit gespeeld worden.

Om thuis op een redelijk ontspannende manier het technisch lezen te bevorderen, helpt het om lekker mee te lezen met luisterboeken. Dit is vooral ook aan te raden omdat kinderen die weinig lezen, een achterstand in hun woordenschat kunnen oplopen en een aversie tegen lezen zullen ontwikkelen als zij gedwongen worden toch elke avond te lezen. Er zijn heel veel boeken als luisterboek te verkrijgen. Op deze manier kunnen ze toch van de verhalen genieten en op school meepraten over 'de nieuwe *Harry Potter*' of 'de laatste *Hoe overleef ik...*'

De veelgebruikte methode 'om de beurt een bladzijde voorlezen voor het naar bed gaan' vind ik zelf eerlijk gezegd altijd een beetje zielig; zit je net lekker in een verhaal, moet je zelf weer aan de bak! En dat op een moment dat je nauwelijks in staat bent om iets inspannends te doen. Mijn advies is om oefenen en voorgelezen worden te scheiden om te voorkomen dat kinderen een hekel krijgen aan (jeugd)literatuur. Laten we vooral niet vergeten dat lezen een middel is en geen doel. Een middel om toegang te krijgen tot de inhoud; tot verhalen of tot informatie waarvan je kennis wilt nemen. Daarnaast loop je ook nog eens risico het intieme moment met je kind te verpesten tijdens het ontspannen voorlezen als je om beurten een zin of een bladzijde leest.

Maar geen enkel advies van wie dan ook is dwingend; als je kind het juist wel leuk vindt, doe het dan gerust. Wees echter steeds alert op de reactie van je kind en probeer te begrijpen hoe vermoeiend, inspannend en soms frustrerend lezen voor een dyslect kan zijn.

Technisch lezen kan ook prima heel speels geoefend worden met het gratis te downloaden programma Woordkasteel (www.woordkasteel.com). De meeste kinderen vinden het erg leuk om hiermee aan de slag te gaan. Bij het kiezen van woordenlijsten in het programma is het verstandig te overleggen met de leerkracht of de remedial teacher.

Niet gratis, maar wel leuk en ook zeker niet duur, is bijvoorbeeld het familiepakket van Ambrasoft. Hiermee kun je voor minder dan dertig euro niet alleen op een leuke manier taal oefenen, maar ook rekenen en tafels (zie www.ambrasoft.nl). Met het doen van de oefeningen kunnen de kinderen punten verdienen waarmee ze spelletjes kunnen spelen. Zeer uitgebreid en goed aansluitend op het werk van remedial teachers is het programma Woordenhaai (zie www.woordenhaai.nl). Gebruik dit programma bij voorkeur in overleg met de begeleider, die kan vertellen welke taaloefeningen op het moment in de begeleiding nuttig zijn om te doen. Een voordeel van Woordenhaai is dat de kinderen het erg leuk vinden om mee te werken. Nadeel is dat het wel wat prijzig is: 110 euro voor een stand-alone versie. (Voor kinderen met rekenproblemen bestaat er ook een Cijferhaai.)

Makkelijk lezen, lekker lezen

Voor kinderen die moeite hebben met lezen, zijn er diverse series ontwikkeld met makkelijk te lezen boeken. Deze boeken bevatten wat kortere zinnen en wat minder moeilijke woorden, terwijl ze inhoudelijk toch niet kinderachtig zijn om te lezen. Een paar voorbeelden:

- De *Zoeklicht*-reeks van uitgeverij Zwijsen is bestemd voor kinderen in de bovenbouw van het basisonderwijs die moeite hebben met lezen. De boeken zijn alleen in leestechnisch opzicht eenvoudig, terwijl de verhalen inhoudelijk aansluiten bij de belangstelling van kinderen vanaf negen jaar.
- Ook de serie *Klipper* van Bekadidact in Baarn biedt niet-kinderachtige boeken in niet-moeilijke taal voor kinderen van een jaar of acht en ouder.

Via de site www.makkelijklezenplein.nl van de openbare bibliotheken in Nederland vind je nog veel meer leuke boeken voor kinderen die lezen wat moeilijk vinden. Ook staan hier vele goede tips voor leerkrachten, ouders en natuurlijk de kinderen zelf.

Twee boekjes met een dyslectisch kind in de hoofdrol wil ik hier noemen, omdat ze met klem aangeraden werden door een paar van mijn leerlingen.

Ik ben niet bom. Marion van de Coolwijk.
ISBN 13: 9789026119019.
Sander kan niet zo goed lezen. Hij denkt dat hij daarom gepest wordt. Hij voelt zich dom en onbegrepen. Als er wordt ingebroken in de school, veranderen de zaken voor Sander.

Een zoen voor Zeno! Inne van den Bossche.
ISBN 13: 9789059322417.
Een fragment: (…) Eén voor één roept ze de kinderen naar het bord om hun naam erop te schrijven. Als Zeno aan de beurt is, kriebelt zijn buik een beetje. Hij schrijft niet zo graag. Plotseling hoort hij gegiechel. 'O, Zeno schrijft ZOEN!' fluistert Lien tegen Margo, maar Zeno kan het nog net verstaan. (…)

De inzet van ICT (informatie- en communicatie-technologie)

Wat mij tijdens het interviewen en tijdens het zoeken naar kinderen om te interviewen is opgevallen, is dat er niet op grote schaal gebruik wordt gemaakt van de mogelijkheden die de inzet van ICT biedt.

De afgelopen decennia zijn er steeds meer en steeds betere producten op de markt gekomen. Sommige scholen zijn heel ver met de inzet van deze middelen; het gros van de leerkrachten en begeleiders weet er helaas nog weinig van. Iedereen die merkt dat een kind, ondanks deskundige remediëring, niet verder komt met lezen en spellen, zou zich moeten verdiepen in de mogelijkheden om ter compensatie ICT in te zetten.

Het Masterplan Dyslexie heeft een dvd met boek gemaakt waarin bijna alle bestaande middelen belicht worden: *Technische maatjes bij dyslexie*. Van daisyspelers tot readingpennen, van eenvoudige tot de meest geavanceerde software die speciaal voor dyslecten ontwikkeld is; beschikbare hulpmiddelen worden uitgebreid gedemonstreerd. De middelen die worden getoond en beschreven, hebben vooral tot doel compensatie te bieden voor de technische leesproblemen. Op de dvd zijn ook reportages over scholen en begeleidingsinstituten te zien. Zowel leerkrachten, ouders als kinderen komen aan het woord. De uitgave is dan ook voor al deze doelgroepen interessant. De inzet van ICT biedt steeds meer dyslectische kinderen de mogelijkheid om op hun eigen niveau een diploma te halen. Meer informatie over deze uitgave is te vinden op de site www.masterplandyslexie.nl.

Actuele informatie over belastingaftrek en/of vergoeding door de zorgverzekeraar, alsook gebruikerservaringen en vergelijkend warenonderzoek zijn te vinden op www.balansdigi taal.nl.

Verantwoording

De geschreven portretten zijn gebaseerd op lange gesprekken met de kinderen. Vanwege de leesbaarheid heb ik er lopende verhalen van gemaakt in de ik-vorm. Alle verhalen zijn door de kinderen nagelezen en geautoriseerd. Zo veel mogelijk is de spreektaal, woordkeuze en hun eigen manier van vertellen gehandhaafd. Ik wil benadrukken dat het gaat om hoe zíj alles beleefd hebben. Het gaat om hún ervaringen met hún dyslexie. Ik heb dan ook niets gecontroleerd.

Alle ouders hebben de verhalen gelezen, hetgeen meermalen tot ontroerde reacties heeft geleid. 'Hartverscheurend mooi', typeerde een vader het verhaal van zijn dochter. Voor een van de geïnterviewden heeft het feit dat hij zijn gevoel en behoeften zo goed verwoord heeft, al positieve gevolgen gehad, zoals blijkt uit een mail van zijn moeder:

(…)
'Een tijdje geleden had hij het heel moeilijk, dat blijkt ook uit het interview, en natuurlijk hadden wij daar thuis ook gesprekken (en tranen) over. Hij was ongelukkig, in verzet en voelde zich aan alle kanten niet serieus genomen.

De stap om hem meer verantwoordelijkheid te geven over zijn eigen functioneren is denk ik een hele goede. Sindsdien

horen we hem weer zingen en fluiten, en is er licht en lucht ontstaan in een tijdlang bedrukte sfeer.'
(...)

Ik hoop dat dit boek leidt tot meer begrip voor de invloed van dyslexie op een kinderleven. Ik hoop dat er meer en beter naar ze geluisterd zal worden... opdat we ze veel zullen horen zingen en fluiten!

Reacties voor mij of de kinderen zijn van harte welkom op daphne@dekreeft.nl.

Noten

1 Stichting Taalhulp is een landelijke stichting die gespecialiceerd is in onderzoek en behandeling van lees- en spellingproblemen (dyslexie) bij kinderen en volwassenen.

2 *Spelling-spiekboek.* Annica van de Kamp en Marlous Metz. Zwijsen. ISBN: 90 276 5491 3.

3 www.woordkasteel.com, een gratis te downloaden oefenprogramma.

4 Het IWAL is een landelijk instituut dat gespecialiseerd is in het onderzoek naar en de behandeling van dyslexie.

5 Fragmenten uit het liedje 'Dyslectisch' van de Kinderen voor Kinderen-cd nummer 23 uit 2002.

6 Intern begeleider.

7 LWOO is de afkorting van leerwegondersteunend onderwijs. LWOO is bedoeld voor leerlingen die extra begeleiding nodig hebben; scholen krijgen voor deze leerlingen extra geld.

8 *Ik ben niet bom.* Marion van de Coolwijk. De Fontein. ISBN 9789026119019.

9 De Bascule is een academisch centrum voor kinder- en jeugdpsychiatrie voor de regio Amsterdam en omstreken.

10 Dedicon, de voormalige blindenbibliotheek, verzorgt gesproken boeken, lesmateriaal en tijdschriften voor onder andere dyslecten.

11 www.wrts.nl is een gratis te downloaden programma om woorden te leren.

12 Het ABC is het expertisecentrum voor het onderwijs in en rond Amsterdam.

13 Programma van Toetsing en Afsluiting, op middelbare scholen de benaming van een toets die voor je eindexamen meetelt.

14 Een pen waarmee je over een woord of een zin gaat. Dat woord wordt dan uitgesproken en desgewenst vertaald in het Engels. Zie ook het informatieve hoofdstuk.

15 Een soort cd-speler waarmee je met daisy-schijfjes van Dedicon (vroeger de blindenbibliotheek geheten) (school)boeken kunt laten voorlezen. Zie ook het informatieve hoofdstuk.

Over de auteur

Daphne Jansen Adriaans is als remedial teacher en dyslexie-specialist werkzaam bij diverse instellingen. In haar eigen instituut DAP begeleidt ze leerlingen met dyslexie of andere leerproblemen uit het basis- en voortgezetonderwijs.

Ook verschenen in de serie Rondom het kind

RONDOM HET KIND
is een reeks boeken waarin deskundigen duidelijke en praktische informatie geven over problemen bij kinderen. De boeken zijn speciaal geschreven voor ouders, verzorgers, leerkrachten en hulpverleners.